Cristian A. Porcino Ferrara

"Canzoni contro l'omofobia e la violenza sulle donne"

Prefazione

Piccoli volumi hanno talora il pregio delle grandi opere. A questa categoria appartiene l'opera di Cristian A. Porcino Ferrara, appassionante, suasiva, agile ma al tempo stesso densa e corposa. Un libro "in divenire", giacché pone più quesiti che risposte, stimolando alla ricerca e all'approfondimento. E risponde alla perfezione al target cui si rivolge: i giovani.

Cristian scrive: "Le donne e gli omosessuali fanno parte della nostra storia". Siamo sicuri sia davvero così?

In realtà, le donne, gli omosessuali e gli altri cosiddetti "marginali" sono da sempre i "perduti della storia". Oggetti e non soggetti, latori di valori diversi, o addirittura di disvalori, rispetto a quelli della cultura per antonomasia: maschile, naturalmente, bianca, eterosessuale.

A partire soprattutto dal secolo scorso, e vieppiù dopo la seconda guerra mondiale, le donne e gli omosessuali hanno reclamato il diritto a *essere* nella storia e ad *avere* una storia (Luisa Passerini). Ma come ridisegnare un percorso storico diverso da quello universalmente accettato? Scardinando linguaggi, inventandone di nuovi, osservando la realtà da angolazioni eccentriche. Basandosi su fonti differenti da quelle ufficiali. Valorizzando la testimonianza orale, la memoria, la cultura "dal basso", popolare. Dando loro la voce.

La considerazione di Porcino, quindi, suona sanamente provocatoria: donne e omosessuali fanno parte della nostra storia. Noi però non ce ne siamo mai accorti. Abbiamo dato per scontata la diseguaglianza. Per pigrizia mentale. Per consuetudine. Per indifferenza. Ma l'indifferenza, ricorda l'Apocalisse, è il peggiore dei peccati.

Ciò risulta tanto più vero alla luce dei recentissimi episodi di femminicidio che hanno insanguinato l'Italia e il mondo (anche quello della deputata laburista Jo Cox, ad opera d'un neonazista, si può considerare tale). La tragica esecuzione di Sara Di Pietrantonio, poi, ha svelato all'opinione pubblica il cuore nero d'un'antropologia, d'una cultura millenaria basate sul disprezzo e l'esclusione   dell'elemento femminile. Nel frattempo l'elenco degli stupri, violenze e assassinii di donne e anche bambine (si pensi solo a Fortuna Loffredo) s'è paurosamente allungato. Va dato merito a Porcino di non essersi limitato a condannare questi crimini in modo retorico ma di essersi calato nel vissuto delle vittime. Non casualmente, la misoginia si accompagna sempre all'omofobia e il massacro di Orlando per mano d'un jihadista era animato dalla stessa ferocia e intolleranza che ha armato gli aguzzini di Matthew Shepard: tragedia immortalata da un brano di Elton John. Porcino fissa infatti lo sguardo sulla produzione musicale di consumo: il già citato Elton ma anche Madonna, Lady Gaga, Francesca Michielin, Mika, Hozier, Celentano... C'è spazio persino per Macklemore, a dimostrazione che il rap non collima necessariamente col machismo e l'omofobia. Perché la canzone, componimento d'origine nobilissima, è oggi ritenuta – parafrasando Renato Zero, un altro dei musicisti esaminati - "la periferia dell'arte"; ma, molto spesso, dalle periferie sale il grido più autentico di riscatto. L'aveva preconizzato Pasolini e, sulle sue orme, Porcino ci accompagna in un viaggio sulle note assai variegato, forse discontinuo, ma affascinante.

Non esiste storia senza memoria ma non esiste memoria senza contestualizzazione; risulta dunque più che opportuno il breve *excursus* storico che spiega alcune cause alla base dell'esclusione delle donne e degli omosessuali, almeno nelle società occidentali (ché molto si dovrebbe aggiungere, magari in un prossimo lavoro, a proposito degli stereotipi negativi nel Medio ed Estremo Oriente). D'altro lato, e in controtendenza rispetto alle opere "a tesi", Porcino non dimentica di sottolineare che un testo considerato a volte poco rispettoso della realtà femminile come la Bibbia contenga anche elementi progressivi, in grado di ispirare una filosofia e una teologia, perché no, femminista o almeno inclusiva anche a partire da un ambito religioso e non necessariamente contro di esso (chi non ricorda la celebre "Bibbia delle donne"?).

In qualche misura si potrebbe dire la stessa cosa per gli omosessuali.

Del resto, come già ricordava san Giovanni XXIII, l'emancipazione delle donne è avvenuta, sta avvenendo, con maggior decisione in paesi di cultura cristiana. Solo un caso?

Il libro di Cristian ha pertanto una valenza etica, umanistica. Ciò che interessa al nostro giovane autore non è l'ossimorico neutro maschile ma la parità nella diversità; una visione simile a quella di Luce Irigaray, un approccio laico al più grande mistero della Terra: l'Io-con-Te. Io, mai senza di te. Un'etica della relazionalità. Con la consapevolezza che solo partendo dalle "minoranze" si può dipingere un affresco completo della vicenda umana.

Daniela Tuscano
(scrittrice e insegnante)

A Eddie Justice e alle altre vittime del massacro di Orlando

A Sara Di Pietrantonio e alle altre donne uccise in quanto donne

"Non c'è niente da fare con quello che pensa la gente, se non badarci il meno possibile"
Philip Roth

"Il vero patriota è colui che si impegna perché tutti i suoi concittadini siano rispettati nei loro bisogni essenziali".
Don Andrea Gallo

Breve storia delle donne

La Bibbia e le donne

La storia delle donne e della loro emancipazione sociale è molto lunga e travagliata, e ancora in corso di sviluppo. Bisogna immaginare che la questione femminile rimanda purtroppo alla questione maschile. Nella Bibbia possiamo leggere nei versi de I sapienti d'Israele (Siracide 42,14) che: «Meglio la cattiveria di un uomo che la bontà di una donna», oppure: «Trovo che ancora più della morte è la donna, la quale è tutta lacci: una rete è il suo cuore, catene le sue braccia. Chi è gradito a Dio la sfugge ma il peccatore ne resta preso» (Qohelet 7,26). Nell'antichità e soprattutto nel vicino Oriente la donna era considerata un essere inferiore sia da un punto di vista sociale e sia da un punto di vista giuridico. La sua persona era di proprietà dello sposo e la donna doveva essere soggetta al volere del suo signore e marito. Come ricorda monsignor Gianfranco Ravasi: «È significativo che nel Decalogo la donna sia collocata tra le proprietà familiari ("Non desiderare la casa del tuo prossimo. Non desiderare la moglie del tuo prossimo, né il suo schiavo, né la sua schiava, né il suo bue, né il suo asino, né alcuna cosa che appartenga al tuo prossimo", Es. 20,17»[1]. Purtroppo ancora oggi in diversi paesi del mondo la cosa sembra proprio non essere cambiata. Significativo, sempre parlando in ambito biblico, è il mito di Adamo ed Eva. I primi esseri umani sono chiamati "Adam" ed "Havvāh". Quest'ultima riceve il nome dall'uomo ed è creata

---

[1] G. Ravasi., *500 curiosità della fede*, Oscar Mondadori, Milano 2012, pp. 83-84.

direttamente da una sua costola. In tal modo la donna essendo stata creata da una parte dell'uomo è quindi soggetta sin dalle origini al volere del maschio. Il nome di Havvāh, Eva, significa la madre di tutti viventi. Nel mito giudaico è la madre dei viventi a recepire per prima le suggestive tentazioni del serpente, è lei a convincere Adamo ad assaggiare il frutto proibito, quindi il passaggio successivo verso la tipizzazione della cattiveria o immoralità della donna è pressoché immediato.

«Da sempre esiste un maschilismo esercitato senza freni, perché basato su un architrave terrificante, cioè che Dio è maschio. Se Dio è maschio, la donna deve essere soggetta»[2].

Le stesse parole di Dio sono molto più dure per la donna che per l'uomo: «Alla donna disse: Io moltiplicherò grandemente le tue sofferenze e le tue gravidanze; con doglie partorirai figli: i tuoi desideri si volgeranno verso il tuo marito, ed egli dominerà su di te»(Genesi 3, 16). La condanna o maledizione divina per la donna è di essere sempre soggetta alla volontà del proprio marito.

È vero anche che nell'Antico Testamento la donna ricopre altresì ruoli primari affinché si compia la volontà di Yahweh. Pensiamo a Debora, Giuditta ed Ester ma sono solo casi sporadici. Con l'avvento del cristianesimo si sovverte l'ordine dell'Antico Testamento e il Messia rivolge il proprio messaggio a tutti, incluse le donne. Sono quest'ultime a ricevere l'annuncio della resurrezione, ad essere predilette per la loro bontà e per l'intelligenza con cui accettano il messaggio evangelico.

---

[2] A. Gallo., *Se non ora, adesso*, Chiarelettere, Milano 2011, p. 43.

Qualcosa però non andrà per il verso giusto, visto che Maria di Magdala verrà dipinta dalla Chiesa come una donna ravveduta ma ex prostituta. Come ha scritto il compianto cardinale Carlo Maria Martini: «In questo discorso la Bibbia può essere d'aiuto, per quanto alcune colleghe e colleghi fondino il rimprovero femminista anche sul testo biblico. Essendo stato scritto da uomini, affermano, il racconto pone gli uomini in primo piano, le donne sullo sfondo. È vero, erano altri tempi. Eppure nella Bibbia le donne meritano più attenzione che in passato (...) In effetti sono stati commessi errori, probabilmente da uomini, per esempio quando Maria di Magdala viene degradata a peccatrice e prostituta, sebbene nel testo non figuri nulla di tutto questo. Una peccatrice di cui non conosciamo il nome bagna i piedi di Gesù con le sue lacrime, li bacia e li cosparge di olio profumato. Non è Maria di Magdala. Farne una peccatrice non è giustificato»[3]. Sarà San Paolo attraverso le sue lettere, alcune false[4], a ribadire che la donna deve obbedienza al proprio uomo. Ma proprio in quegli anni si delineò maggiormente il confine entro cui inscrivere il destino di una donna: o virtuosa e casta come la madre dei redenti (Maria) oppure subdola e meschina come la madre dei viventi (Eva).

Non mi stancherò mai di ribadire che bisogna contestualizzare storicamente i brani biblici, ma la violenza sulle donne trova cittadinanza anche nella Sacra Bibbia, e in particolar modo nell'Antico Testamento. Oggi

[3] C. M. Martini., G. Sporschill., *Conversazioni notturne a Gerusalemme*, Oscar Mondadori, Milano 2010, p. 106.
[4] Cfr., B. D. Ehrman., *Sotto falso nome. Verità e menzogna nella letteratura cristiana antica*, Carocci, Roma 2012

si parla, a ragione, di macelleria del corpo e dello spirito delle donne, e se andiamo a leggere, ad esempio, il libro dei Giudici (19-21) assistiamo ad un episodio così vicino alla nostra tragica contemporaneità. Qui leggiamo di uno strupro con uccisione e mutilazione della vittima. La moglie del Levita decide di tornare a casa del proprio padre dove vi dimorerà per ben quattro mesi. In un primo momento il marito non va a riprendersela, ma quando l'uomo si convince a farlo si reca in compagnia di un servo a casa del padre della donna. Il Levita e la donna partiti dall'abitazione del suocero arrivano a Ghibea e cercano qualcuno che li ospiti per la sera. Un anziano signore li accoglie, ma mentre i due sono nella sua casa bussano alla porta del vecchio i Beniamiti. Costoro intimano al padrone di casa di fare uscire il Levita perché vogliono abusare di lui. Il vecchio però gli offre in cambio la figlia vergine e la moglie del Levita. Lo stesso Levita non esita a concedere ai Beniamiti la moglie. La donna fu stuprata per l'intera notte e fino alle prime luci del mattino. Il Levita, la mattina seguente, trovò il corpo della donna davanti la porta e così la caricò sopra l'asino e fece ritorno a casa. Arrivato a destinazione smembrò con un coltello il corpo della donna in dodici pezzi e li spedì alle rispettive tribù d'Israele. Come sostiene la teologa Elizabeth E. Green: «Che le donne siano proprietà degli uomini è dato per scontato da questo brano il quale rispecchia una implicita "teologia di proprietà". (...) Qui si vede chiaramente ciò che l'antropologia da tempo ha messo in evidenza: le donne figurano come moneta di scambio tra gli uomini; così la concubina media il rapporto tra suocero e genero prima e fra il Levita e i Beniamiti poi. In altre parole, la concubina, anche prima di essere struprata, è già un oggetto nelle mani del marito, che non esita a usarla per salvarsi»[5]. Ma non è l'unica storia, la stessa ci ricorda quella narrata dal libro della Genesi (Gen. 19,5) dove a Sodoma Lot decide di barattare le sue figlie per salvare dal disonore gli ospiti ricevuti in casa. Fortunatamente alle ragazze non accadrà nulla perché i visitatori altro non sono che messaggeri del Signore e dunque puniranno questi individui. Dalla storia della moglie o concubina (nel testo è poco chiaro quale ruolo ella ricopriva[6]), si evince che la donna è punita perché non accetta di essere una proprietà del coniuge. «In questo modo la donna si sottrae al potere del marito, appropriandosi della propria soggettività, cercando rifugio altrove. Tuttavia il racconto avverte che tale comportamento è del tutto controproducente. Anzi, mostra in modo esemplare che cosa accade quando una donna cerca di sottrarsi al marito. Secondo questa ottica, la donna viene stuprata e uccisa come castigo; se la donna non fosse andata via di casa»[7]. Nell'Antico Testamento ci sono diversi episodi del genere; solo nel Pentateuco troviamo alcuni casi: «Agar è sfruttata sessualmente, maltratta e finalmente cacciata dal focolare domestico; Dina, l'unica ragazza tra i figli di Giacobbe, viene violentata; la profetessa Miriam viene punita con una malattia sfigurante e estromessa dal popolo»[8] .

Sembra strano ma anche nei testi sacri di ebrei e cristiani troviamo alcuni episodi di violenza sulle donne. Questo a testimonianza di una prassi pressoché consolidata fra le

[5] E. E. Green., *Cristianesimo e violenza contro le donne*, Claudiana, Torino, 2015, pp. 62-63.
[6] Cfr., Ivi, p. 62.
[7] Ivi, p. 65.
[8] Ivi, p. 60.

popolazioni da cui la Bibbia ha attinto gran parte della sua cultura. Il monoteismo ha in qualche modo sviluppato l'idea del dominio dell'autorità maschile sulle donne. Dio è padre ma ancor di più madre, e non dimentichiamo che quando in tempi recenti, 1978, lo disse Giovanni Paolo I scoppiò una feroce polemica. Presso gli indios non civilizzati dell'Amazzonia si insegna ai propri membri che la Terra è madre proprio come la donna che li ha partoriti, e dunque ogni ferita inferta alla donna e proporzionalmente data alla Terra. Anche presso i nativi americani la Terra, o meglio la Natura era la madre che tutto avvolgeva e verso cui bisognava rivolgersi con riverenza e devozione. Il monoteismo ha cancellato ogni riferimento al femminile relegandolo in un angolo. In tal modo se Dio è un uomo, paradossalmente ogni maschio, è Dio[9].

Naturalmente il Nuovo Testamento cambia un po' la prospettiva e questo lo si intuisce anche perchè: «Nelle scritture Gesù come essere umano sessuato al maschile viene ritratto come vittima. Alla fine del suo ministero le varie istanze del potere lo spingono ai margini della società da cui viene definitivamente estromesso (è crocifisso fuori le mura della città). Nel racconto della passione a Gesù vengono assegnati i tratti che nella società patriarcale sono riservati alle donne in quanto vittima o capro espiatorio. È passivo, non reagisce, rimane in silenzio, subisce il suo destino sottomettendosi a una volontà superiore»[10]. Questo potrebbe spiegare, in parte, perché le prime a subire il fascino del messaggio cristiano furono proprio le donne e ancora oggi sono le

---

[9] Cfr., M. Daly., *Al di là di Dio Padre*, Roma, 1990, p. 77.
[10] E. E. Green., *Cristianesimo e violenza contro le donne*, op. cit., p. 40.

più devote. Ovviamente con l'avvento della Chiesa cattolica nei secoli si affermò la supremazia del maschile sul femminile e le donne dovettero essere succubi di un Dio padre (quindi maschio), poi del marito, e infine del prete. Non bisogna dimenticare che nell'enciclica *Casti connubii* (31 dicembre 1930) papa Pio IX scrisse: «Se l'uomo infatti è il capo, la donna è il cuore [...] I citati maestri di errori che offuscano il candore della fede e della castità coniugale, facilmente scalzano altresì la fedele ed onesta soggezione della moglie al marito. E anche più audacemente molti di essi affermano con leggerezza essere quella una indegna servitù di un coniuge all'altro; i diritti tra i coniugi devono essere tutti uguali, ed essendo essi violati con la servitù di una parte, tali maestri bandiscono superbamente come già fatta o da procurarsi una certa "emancipazione" della donna. Questa emancipazione dicono dovere essere triplice: nella direzione della società domestica, nell'amministrazione del patrimonio, nell'esclusione e soppressione della prole. La chiamano emancipazione sociale, economica, fisiologica; fisiologica in quanto vogliono che la donna, a seconda della sua libera volontà, sia o debba essere sciolta dai pesi coniugali, sia di moglie, sia di madre (e che questa, più che emancipazione, debba dirsi nefanda scelleratezza, già abbiamo sufficientemente dichiarato); emancipazione economica, in forza della quale la moglie, all'insaputa e contro il volere del marito, possa liberamente avere, trattare e amministrare affari suoi privati, trascurando figli, marito e famiglia; emancipazione sociale, in quanto si rimuovono dalla moglie le cure domestiche sia dei figli come della famiglia, perché, mettendo queste da parte, possa assecondare il proprio genio e dedicarsi agli affari e agli uffici anche pubblici»[11]. Si palesa il terrore della Chiesa cattolica verso teorie che tendono a liberare la donna dalla schiavitù della religione che avalla quella teologia della proprietà così tanto portata avanti nei secoli. Bisognerà attendere la *Pacem in terris* (1962) di Giovanni XXIII per poter leggere da parte di un papa che: «In secondo luogo viene un fatto a tutti noto, e cioè l'ingresso della donna nella vita pubblica: più accentuatamente, forse, nei popoli di civiltà cristiana; più lentamente, ma sempre su larga scala, tra le genti di altre tradizioni o civiltà. Nella donna, infatti, diviene sempre più chiara e operante la coscienza della propria dignità. Sa di non poter permettere di essere considerata e trattata come strumento; esige di essere considerata come persona, tanto nell'ambito della vita domestica che in quello della vita pubblica»[12]. Nel 1995 Giovanni Paolo II scrisse una lettera alle donne dove omaggiò la figura femminile: «Ma il grazie non basta, lo so. Siamo purtroppo eredi di una storia di enormi condizionamenti che, in tutti i tempi e in ogni latitudine, hanno reso difficile il cammino della donna, misconosciuta nella sua dignità, travisata nelle sue prerogative, non di rado emarginata e persino ridotta in servitù. Ciò le ha impedito di essere fino in fondo se stessa, e ha impoverito l'intera umanità di autentiche ricchezze spirituali. Non sarebbe certamente facile additare precise responsabilità, considerando la forza delle sedimentazioni culturali che, lungo i secoli, hanno plasmato mentalità e istituzioni. Ma se in questo non sono mancate, specie in determinati contesti storici,

---

[11] http://w2.vatican.va/content/pius-xi/it/encyclicals/documents/hf_p-xi_enc_19301231_casti-connubii.html

[12] http://w2.vatican.va/content/john-xxiii/it/encyclicals/documents/hf_j-xxiii_enc_11041963_pacem.html

responsabilità oggettive anche in non pochi figli della Chiesa, me ne dispiaccio sinceramente [...] Sì, è l'ora di guardare con il coraggio della memoria e il franco riconoscimento delle responsabilità alla lunga storia dell'umanità, a cui le donne hanno dato un contributo non inferiore a quello degli uomini, e il più delle volte in condizioni ben più disagiate»[13].

Una lettera molto bella in cui il pontefice chiese scusa per le colpe commesse dalla Chiesa, ma nella realtà negò con vigore un ruolo attivo delle donne all'interno della stessa escludendole dal sacerdozio femminile già in atto in diverse chiese protestanti. Con papa Francesco il discorso prosegue in modo proficuo e rispettoso ma nella sostanza nulla è cambiato. Durante il suo viaggio di ritorno dagli Stati Uniti ha detto chiaramente: «Non si può fare (il sacerdozio femminile ndr), Giovanni Paolo II lo ha detto chiaramente. Non perchè le donne non ne abbiano la capacità. Anzi, nella Chiesa le donne sono più importanti degli uomini. Perché la Chiesa è donna». Bergoglio ha proposto di riaffermare il ruolo del diaconato femminile già in vigore nella Chiesa delle origini ma per l'attuale papa si prospettano tempi duri visto che molti cardinali tenteranno di ostacolarne il progetto per non perdere la propria autonomia tutta al maschile. La Chiesa è stata promotrice di femminofobia, e questo non lo si può negare. Non possiamo dimenticare che per San Tommaso D'Aquino le facoltà intellettuali della donna: «Sono soltanto un opaco riflesso di quelle maschili. Mentre per la riproduzione sono necessari maschio e femmina, "all'uomo viene ordinata un'azione vitale più nobile, vale

---

[13] https://w2.vatican.va/content/john-paul-ii/it/letters/1995/documents/hf_jp-ii_let_29061995_women.html

a dire l'azione intellettuale. Questa discrepanza nelle capacità intellettuali conduce a una gerarchia naturale tra maschio e femmina, nella quale il maschio deve sempre dominare. [...] Le donne, suggerisce l'Aquinate, sono semplicemente il contenitore nel quale viene incubata la nuova vita»[14].

Fino a quando le donne verranno occultate dalla vita ministeriale della Chiesa le donne rimarranno praticamente invisibili. Chiaramente come ha scritto Elizabeth E. Green: «L'ira divina espressa nel primo Testamento in immagini esse stesse violente e sessiste deve trovare nuove forme espressive le quali, invece di avvallare, condannino la violenza commessa contro le donne»[15]. Dunque anche le chiese cristiane possono battersi attivamente per sconfessare questi atti di violenza che sono stati commessi in ogni epoca con il bene placido di una religiosità maschilista e sessista.

---

[14] T. M. Renick., *Tommaso D'Aquino...per chi non ha tempo*, Claudiana, Torino 2014, pp. 120-121.
[15] E. E. Green., *Cristianesimo e violenza contro le donne*, op. cit., p. 103.

Ipazia

Proprio nei primi anni di diffusione del cristianesimo accadono episodi di inaudita ferocia; mi riferisco più precisamente agli anni che vanno dal 370 al 415, anno di nascita e morte di Ipazia. La prima donna filosofa e scienziata della storia pagò a caro prezzo la non adesione non solo ai principi cristiani, ma la totale rinuncia ai rituali sociali come il matrimonio e l'essere madre. Lo storico cristiano Socrate Scolastico ci racconta nella sua *Historia Ecclesiastica* che: «C'era una donna ad Alessandria, si chiamava Ipazia. Era figlia del maestro Teone e toccò vette così elevate di sapienza da superare di gran lunga tutti i filosofi della sua cerchia. Proveniva dalla scuola di Platone e di Plotino e i suoi uditori accorrevano da ogni dove per ascoltare le sue azioni». La sua forte indipendenza e la sua vasta cultura la fecero odiare da alcuni soggetti come il vescovo di Alessandria d'Egitto che tramite l'aiuto di una setta di monaci fondamentalisti, i parabolani, condannò a morte la giovane Ipazia. La sua morte fu atroce perché questi parabolani la picchiarono selvaggiamente, la torturarono dopo averla denudata e con dei cocci di vetro la squartarono facendola a pezzi, e i suoi poveri resti furono bruciati. Ipazia fu dunque la prima martire dell'emancipazione femminile ad essere ricordata oltre che dai contemporanei anche nel settecento francese, dove la sua figura fu degna di ammirazione da parte del filosofo Diderot che la citò nella sua *Encyclopédie*. Essere donne e indipendenti per secoli è sembrato un paradosso assurdo oppure una vera e propria eresia. L'unica cosa che si richiedeva ad una donna era di essere una buona moglie e soprattutto in grado di procreare figli maschi. La nascita di una figlia femmina era considerata come una sventura; soprattutto nei ceti più poveri. Fortunatamente non tutte si arresero a questo squallido destino e penso ad epoche antecedenti a Ipazia, e più precisamente alla poetessa Saffo (640-570 a. C).

Thiasos e ierodule nell'Antica Grecia

Saffo era una giovane aristocratica, probabilmente non particolarmente attraente e fondatrice del Tiaso frequentata da donne che lei chiamava "compagne".

«Il suo compito era quello di educare le ragazze che ne facevano parte, insegnando loro il canto, la musica, la danza, gli strumenti che da giovinette incolte, qual erano quando entravano nel thiasos, le trasformavano in donne di cui, come dice Saffo stessa, sarebbe rimasto il ricordo»[16]. Saffo è diventata simbolo del lesbismo passando alla storia soprattutto per i suoi splendidi versi d'amore dedicati ad altre donne.

Anche nell'Antica Grecia la donna era costretta entro determinati ruoli. Pensiamo alle ierodule: «Schiave, bambine reclutate dai sacerdoti in famiglie povere e numerose, fanciulle di rango, cittadine, straniere [...] Le fanciulle consacrate non potevano sottrarsi alle richieste dei "devoti", che si presentavano all'ingresso dell'edificio sacro e, per fare ciò, avevano l'obbligo di non allontanarsi mai dal tempio, di rimanere nubili, di non avere figli, poiché qualsiasi disobbedienza sarebbe stata pagata a caro prezzo, anche con la vita»[17]. Ovviamente le ministre di culto non percepivano alcuna remunerazione, erano di esclusiva proprietà delle dee. Si donavano ai visitatori per portare benefici al tempio e alla città.

---

[16] E. Cantarella., *L'amore è un Dio. Il sesso e la polis*, Feltrinelli, Milano 2009, p. 112.

[17] D. Mazzon., *L'insostenibile ambiguità dell'eros. Itinerario sentimentale ed erotico dall'antichità classica ai nostri giorni*, Cleup, Padova, 2014, pp. 25,26.

Gladiatrici a Roma

La storia ufficiale ha escluso le donne dalla propria storiografia, come a voler significare un oblio e una condanna della memoria. Tutt'oggi quando le scoperte archeologiche ci attestano della presenza del "gentil sesso" in alcune attività prettamente maschili siamo colti da un generale stupore. Ad esempio qualche anno fa in Inghilterra nella zona di Southwark è stata rinvenuta una tomba risalente ad epoca romana, con ogni probabilità appartenuta ad una gladiatrice. Le fonti storiche ci garantiscono che la presenza delle donne come gladiatrici era reale. Ce lo racconta Tacito nel 63 d.C, mentre Dione Cassio nel 67 ci descrive il resoconto di un combattimento in cui presero parte a Pozzuoli delle gladiatrici etiopi. Marziale riferisce che durante l'innaugurazione del Colosseo molte donne parteciparono per cacciare le belve. Forse qualche sparuta forma di parità sessuale esisteva già in epoca romana? Chi lo sa con certezza.

Trotula de Ruggiero, Anna Bolena e Elena Lucrezia Corner Piscopia

Purtroppo, per quanto mi riguarda, mi è quasi impossibile citare tutte le donne che si sono seriamente impegnate per raggiungere una indipendenza ed hanno lottato per affermare i propri diritti. Penso a Trotula de Ruggiero vissuta nel XII secolo e prima donna ad esercitare la professione di medico e ad occuparsi nei suoi trattati dei problemi femminili. Nell'Antichità non era facile farsi rispettare e quando una donna raggiungeva posizioni di rilievo ecco che doveva essere identificata come la causa principale del malessere ed era additata con epiteti ingiuriosi quali sgualdrina o strega malefica. Per secoli si è dipinta Anna Bolena, seconda moglie di Enrico VIII, come una donna brutta, con sei dita, e con un grosso porro sotto il mento. Eppure Anna Bolena era una donna molto affascinante, intelligente, formatasi presso la corte di Margherita d'Austria, e con un grande spirito caritatevole. Fu indicata come causa unica della spaccatura della chiesa d'Inghilterra e l'allontanamento dal cattolicesimo di Roma, quando in verità re Enrico VIII, già sposato con Caterina d'Aragona, meditava da tempo di estendere i suoi territori e di accaparrarsi le numerose ricchezze di proprietà del papa. Bolena pagò con la vita dopo essere stata accusata di infedeltà e addirittura di aver fatto sesso con il proprio fratello che sarà decapitato qualche giorno prima di lei. Elena Lucrezia Corner Piscopia è stata la prima donna a laurearsi in Italia in Filosofia nel giugno del 1678. Doveva conseguire anche una laurea in teologia ma il vescovo si oppose perché una donna non poteva insegnare la dottrina del Signore. Venne esaltata in vita ma fu subito dimenticata dopo la sua morte[18].

[18] Cfr., http://www.linkiesta.it/it/article/2012/03/07/1678-la-prima-donna-laureata-al-mondo-era-italiana/6154/

Olympe De Gouges, Mary Wollstonecraft, Rosa Parks, Aung San Suu Kyi e Frida Kahlo

La storia ci insegna che le donne sono state sempre trattate come esseri inferiori da un universo maschile che avvertiva come una minaccia alla propria virilità la saggezza e l'intelligenza delle donne. Penso ad esempio alla straordinarie e rivoluzionarie intuizioni entrate nella storia grazie alla caparbietà delle donne. Come non pensare a Olympe De Gouges, uccisa in Francia nel 1793 per aver osato dimostrare che le donne non possono essere estromesse dalla vita politica e sociale del paese. Lei figlia illeggittima di un marchese si sposò a 16 anni e dopo soli tre anni di matrimonio rimase prima incinta e poi vedova. Armata di grande coraggio decise di rifiutare il cognome del marito e adottare quello della madre, aggiungendo il "de" dal cognome del patrigno. Quasi analfabeta riuscì ad assere apprezzata dai circoli di intellettuali e filosofi. Nel 1791 pubblicò una *Dichiarazione dei Diritti delle Donne e della Cittadina* in 17 articoli. Celebre il preambolo della sua *Dichiarazione*: «Uomo, sai essere giusto? È una donna che te lo domanda: non vorrai toglierle questo diritto: Dimmi, chi ti ha dato il sovrano potere di opprimere il mio sesso? La tua forza? Le tue capacità? Osserva il creatore nella sua saggezza; percorri la natura in tutta la tua grandezza cui tu sembri volerti avvicinare, dammi, se puoi, un esempio di questo impero tirannico. Risali agli animali, consulta gli elementi, studia i vegetali, dà infine un'occhiata a tutte le modificazioni della materia organizzata e arrenditi all'evidenza quando te ne offro i mezzi; cerca, scava e distingui se puoi, i sessi nell'amministrazione della natura. Ovunque tu li troverai confusi e cooperanti nell'insieme armonioso di questo capolavoro immortale. Soltanto l'uomo ha fatto di questa eccezione un principio.

Bizzarro, cieco, gonfio di scienza e degenerato, in questo secolo di lumi e di sagacia, nell'ignoranza più crassa, vuole comandare su un sesso che ha tutte le facoltà intellettuali; pretende di godere della rivoluzione e di reclamare i suoi diritti all'eguaglianza, per non dire altro».

La rivendicazione di Olympe era leggittima e più attuale che mai. Prima della rivoluzione francese esisteva una visibilità sociale della donna ma sempre entro determinati ambiti professionali: lavandaia, cameriera, contadina, levatrice. Olympe per solidarietà alla regina Maria Antonietta si schiera apertamente in suo favore e proprio per questo viene invisa da Robespierre. Come scrive la storica Emma Baeri: «Olympe non era sola. Dal'90 al '93 sorgono molti clubs femminili. Nel 1790 nasce il Club delle Amiche della legge, con Teroigne de Mericourt, donna soldato: diffamata, morirà in manicomio; nel 1791, il Club delle Amiche della verità, con Etta Palm: con le quote di adesione si fondano laboratori e scuole per bambine povere; nel 1793, il Club delle Cittadine Repubblicane Rivoluzionarie, fondato da un'attrice, Claire Lacombe e da una cioccolataia, Pauline Leon; clubs spesso schierati coi giacobini, l'ala estremista della rivoluzione, mentre De Gouges era vicina ai girondini, e ufficialmente sarà accusata di questo, oltre che di simpatie filo monarchiche per aver dedicato il suo testo alla regina»[19]. Olympe de Gouges, che aveva sposato diverse cause come la lotta alla schiavitù, il diritto al divorzio, la condanna alla monacazione forzata, il celibato dei preti, l'assistenza sociale ed altro, venne arrestata con l'assurdo pretesto di aver diffuso un manifesto nella città di Parigi in cui chiedeva al popolo di scegliere liberamente tra monarchia, un governo federale oppure la Repubblica. Anche dal patibolo ebbe modo di affermare che se una donna ha il diritto di morire come un uomo ha anche il diritto di partecipare alla vita politica del proprio paese. Dopo di lei Mary Wollstonecraft si batterà attivamente per l'emancipazione delle donne pubblicando il libro *Sui diritti delle donne*. Purtroppo morirà di parto dando alla luce la piccola Mary che a sua volta passerà alla storia come l'autrice del capolavoro letterario *Frankenstein* e moglie del poeta inglese Percy Bysshe Shelley.

In epoca più recente penso alle scoperte di Marie Curie vincitrice del premio Nobel per aver individuato il Radio, oppure a Rosa Parks. Rosa Louise Parks sfidò apertamente la violenza razziale. Essendo una donna di colore la legge dello stato dell'Alabama prevedeva che una volta acquistato il biglietto, lei dovesse sedersi nei posti riservati ai neri proprio sul retro del bus. Rose che il 1 dicembre 1955 si ritirava dopo una lunga e stancante giornata di lavoro (pur essendo una donna istruita lavorava come sarta), quando salì sul mezzo vide che non vi erano più posti liberi tranne che al centro della vettura. Si sedette ma dopo alcune fermate salironò dei bianchi

---

[19] E. Baeri., *Cittadine in transizione. Spunti di riflessione per una cittadinanza differente*, in *Quaderni del Dipartimento di Studi Politici*, 1/2007, Giuffrè, Milano 2007, pp.83-123.

che si rivolsero al conducente per farla alzare. Rose si rifiutò categoricamente e venne arrestata. Il netto rifiuto di Rose, coadiuvata dall'aiuto del reverendo Martin Luther King, divenne in breve tempo un simbolo di lotta alle leggi razziali contro i neri d'America, e la sua disobbedienza civile venne sposata in massa in tutto lo Stato. Nel 1964 il movimento di cui Rose faceva parte, l' NAACP (National Association for the Advancement of Colored People) riuscì ad ottenere il Civil Right Act. Lo stesso presidente degli Stati Uniti d'America Barack Obama ha affermato che Rosa Parks, Abraham Lincoln, Martin Luther King e Nelson Mandela sono stati i modelli a cui si è ispirato. Altra donna che desidero citare è Aung San Suu Kyi. Quest'ultima ha lottato per i diritti umani del popolo birmano e per un sistema democratico. A causa di ciò è stata privata della propria libertà per anni.

«Prima di diventare il simbolo di non violenza e libertà che è oggi, viveva in Inghilterra con il marito e i due figli. Nel 1988 è tornata in Birmania per accudire la madre malata e si è trovata di fronte a una scelta drammatica: quella tra la sua famiglia e il suo paese. Negli stessi anni si è instaurato un regime militare duramente repressivo che l'ha messa agli arresti domiciliari per aver creato un movimento di opposizione non violenta, la Lega Nazionale per la Democrazia. Poteva, appunto scegliere: tornare in Inghilterra senza far più ritorno in Birmania, oppure rimanere. Scelse di restare e di difendere il popolo birmano come se fosse un suo figlio. Pagò un prezzo altissimo: non potè ritirare il premio Nobel per la Pace, conferitole nel 1991, non potè assistere il marito malato di cancro, che lottò per due anni e si spense lontano da lei, lasciandola ancora più sola. Nel mondo, è un'icona di forza morale e di coraggio»[20].

Infine come non ricordare le opere di Frida Kahlo (1907-1954) pioniera del femminismo e artista di straordinaria qualità. Visse sempre fino in fondo, accettando anche i postumi della poliomelite e di un incidente automobilistico che la inchiodò a letto per un lungo periodo. Fu proprio allora che dipinse per non cedere alla depressione e alla malattia. La pittrice messicana rifiutò ogni etichetta alla sua opera e alla sua vita privata. Il compagno Diego Rivera, pittore anche lui, la definì così: «Vi consiglio Frida, non perché sono suo marito, ma in qualità di un entusiasta ammiratore della sua opera. Acida e dolce, dura e affilata e delicata e raffinata come le ali di una farfalla, amabile come un meraviglioso sorriso, e così profonda e crudele come il gusto amaro della vita». Kahlo trasportò nei suoi quadri la sua esistenza costellata di gioie e dolori con uno stile personalissimo e innovativo. Dopo la sua precoce scomparsa Frida è diventa una icona pop amata e ammirata in tutto il mondo.

---

[20] L. Colò., *Per te, io vorrei*, Mondadori, Milano 2013, p. 43.

Sessismo linguistico

Le donne subiscono anche un'altra forma di aggressione e mi riferisco a quella di tipo linguistico. Il sessismo linguistico pregiudica non solo i rapporti sociali ma la creazione e accettazione della propria identità di genere. La lingua, come ricorda Alma Sabatini, ha una struttura dinamica e di conseguenza cambia forma costantemente. A causa di un conservatorismo culturale la lingua italiana si evolve a piccoli passi pur avendo tutti gli strumenti necessari per declinare i nomi al femminile, e di conseguenza riconoscere la presenza fattiva della donna in ogni ambito sociale e culturale. Per designare ruoli di prestigio si usano ancora nomi e appellativi maschili. Ad esempio in un'aula di tribunale è frequente sentir dire "Signor giudice" anche se il giudice in questione è una donna. A questo bisogna aggiungere anche l'appellativo che comunemente si usa per parlare del genere umano "uomini". Alla formula "I diritti dell'uomo" è preferibile di gran lunga "I diritti delle persone"[21]. Se il sindaco di una città è donna risulta alquanto assurdo non chiamarla sindaca, o un rettore donna rettrice e così via. Poi occorrerebbe evitare, e in certi casi limitare, il suffisso "essa" per definire un lavoro svolto da una donna: sindachessa, avvocatessa, vigilessa, presidentessa etc., perché risulta sprezzante nei confronti delle donne che occupano tale carica. Fa eccezione professoressa, parola entrata ormai nel nostro linguaggio e risulterebbe ostica l'alternativa proposta da alcuni linguisti: "professora".

---

[21] Cfr., A. Sabatini., *Raccomandazioni per un uso non sessista della lingua italiana* in *Il sessismo nella lingua italiana*, a cura di, Alma Sabatini, per la Presidenza del Consiglio dei Ministri e Commissione Nazionale per la Parità e le Pari Opportunità tra uomo e donna, 1987.

Ogni lavoro ha un suo referente umano che lo svolge, quindi non si può ignorare sistematicamente la persona fisica che lo compie. Così come quando ci si riferisce con il primo nome di una donna per identificarla. Spesso i mass media quando devono parlare della cancelliera tedesca Angela Merkel la chiamano solo Angela, mentre se si riferiscono ad un leader uomo, ad esempio, Obama citano il cognome e non il nome. Tali usanze lo so, sono dure da abbattere ma è arrivato il momento di smetterla con le solite scuse. Perché solo alla donna tocca tale privilegio sessista? Per quale motivo solo loro devono essere identificate con l'età anagrafica e lo stato civile? Perché dire "donna avvocato", mentre non diciamo mai "uomo avvocato"?! Meritano altra menzione i titoli di cortesia così frequenti nel nostro linguaggio comune. Pensiamo a "Signorina o Signora" mentre quando ci rivolgiamo ad un uomo solitamente utilizziamo "Signor", mai signorino, anche se nella stragrande maggioranza dei casi ci rivolgiamo nominando il titolo di studio come: "ragioniere, dottore, etc.".

«La riflessione sul modo di rappresentare le donne attraverso il linguaggio, sull'uso di stereotipi negativi - si pensi ai proverbi e ai detti diffusi in tutta Italia - e sull'importanza del ruolo che tutto ciò svolge nel processo di costruzione dell'immagine femminile, attraversa da molti anni la nostra società. Ma ogni volta che la stampa riprende la questione, e ciò avviene soprattutto quando una donna raggiunge una posizione di prestigio, si riaccende la discussione sul modo di definirla: si può dire ministra? È opportuno firmarsi la dirigente? Le persone più attente e sensibili all'uso della lingua, poi, rimangono oggi perplesse davanti a espressioni che sembrano escludere la donna, come la nascita dell'uomo o sono ammessi solo gli iscritti»[22]. Questa è una lunga battaglia che la Presidente della Camera dei Deputati, Laura Boldrini, porta avanti sin dal suo insediamento. Boldrini ha indirizzato una lettera ai deputati specificando l'importanza della questione lingua e identità di genere: «Come è noto, in questa legislatura si registra il numero più elevato di deputate, circa il 30%, così come si riscontra un significativo numero di donne che rivestono cariche e ruoli istituzionali prima ricoperti in via quasi esclusiva da uomini. Anche da ciò deriva in modo più evidente rispetto al passato l'esigenza dell'adeguamento del linguaggio parlamentare al ruolo istituzionale, sociale e professionale assunto dalle donne e al pieno rispetto delle identità di genere, a garanzia del principio di non discriminazione e a tutela della dignità della persona, in conformità a quanto previsto dagli articoli 2 e 3 della Costituzione (...) Da parte mia, peraltro, ho già rappresentato alla Segreteria Generale della Camera l'esigenza che nella pubblicazione dei resoconti parlamentari, nei casi in cui la carica o il ruolo ricoperto debbono essere riportati accanto ai nomi dei rispettivi titolari, tale richiamo sia effettuato in modo da garantire il rispetto dell'identità di genere. Ciò anche considerando che il ricorso al genere maschile per riferirsi a una carica o a un ruolo istituzionale ricoperti da una donna è stato ritenuto non corretto sul piano linguistico da numerosi studi, come la Guida alla redazione degli atti amministrativi proposta nel febbraio 2011 dall'Istituto di teoria e tecnica dell'informazione giuridica e

---

[22] C. Robustelli., *Linee guida per l'uso del genere nel linguaggio amministrativo*. Comune di Firenze / Accademia della Crusca, 2012, http://www.provincia.fi.it/fileadmin/assets/PARI_OPPORTUNITA_/Opusc olo_Linee_Guida_per_l_uso_del_genere_WEB.pdf

dall'Accademia della Crusca»[23]. Spesso queste battaglie non vengono comprese perché ci si adegua a dei modelli stantii presenti nel nostro sentire comune. Il giornalista Beppe Gullino ha scritto: «Ancora: la tendenza femminista induce a deformare certi termini per adeguarli al sesso. Ecco dunque la sindaca, l'assessora, la ministra (quest'ultimo un po' ridicolo, il pensiero corre facilmente alla minestra), anche in omaggio alle nuove professioni nelle quali le donne hanno fatto ingresso. Benissimo, ma allora io che sono che risulto un maschietto quando guido cosa sono? Un automobilisto? E se fornisco medicine divento farmacisto, se mi occupo di arte sono artisto, musicisto, poeto, secondo l'ispirazione. Ora, per esempio, sono giornalisto. Insomma, le mode ci sono e sempre ci saranno, e noi le seguiremo come ornamento dell'esistenza. Ma cum grano salis, con un poco di buon senso, senza indulgere a eccessi, lasciando che sia la mente a scegliere le parole, per non ridurle a frasi fatte, a suoni convenzionali. Se faremo nostra questa consapevolezza, nessuno di noi verrà superficialmente tacciato di essere razzisto, conformisto o, secondo le circostanze, opportunisto»[24].

Fino a quando continueremo a negare la presenza della donna nel linguaggio corrente opereremo una forma discriminante che rende inattuabili i modelli paritari auspicati dalla nostra Costituzione e dalle direttive europee.

---

[23] http://www.ilpost.it/2015/03/05/boldrini-parita-genere-italiano/
[24] http://corrieredelveneto.corriere.it/vicenza/notizie/cronaca/2012/8-agosto-2012/ipocrisie-lingua-2111359258552.shtml

Il sessismo linguistico applicato alla campagna presidenziale americana

Il sessismo linguistico si ripercuote anche durante una campagna elettorale di livello mondiale come le presidenziali americane 2016. L'8 novembre gli americani potranno votare la prima donna Presidente degli Stati Uniti: Hillary Rodham Clinton. La celebre cantante e attrice Barbra Streisand in un articolo per *Huffing Post* ha scritto di questa disparità di trattamento. Ad esempio: Perché un uomo è determinato quando prende le sue decisioni mentre una donna diventa aggressiva? Oppure per quale motivo gli uomini fanno strategie mentre una donna manipola? Invece un uomo è un perfezionista mentre una donna è una scocciatrice?[25]. Barbra Streisand ha notato che i media trattano in modo diverso Hillary Clinton perché donna. In particolar modo un tweet della rete televisiva di *Fox News* ha evidenziato che Clinton "ha gridato con rabbia" durante la vittoria di un comizio ed è stata invitata dal conduttore a sorridere di più invece di urlare. Continua Barbra: «Hillary Clinton ha un grande sorriso e sorride spesso. Così fa Barack Obama. Così fa Bill Clinton. Ma nessuno avrebbe detto a loro due (Obama e Bill Clinton ndr) di sorridere». Streisand afferma che l'ascesa del candidato repubblicano, il miliardario Donald Trump, deve parte della sua fortuna ai media e alloro indulgenza. Non sottolineano mai il suo sottrarsi a domande scomode e al non voler rispondere ai quesiti che gli vengono posti. In altre parole secondo Streisand il trattamento che riservano a un uomo come Trump non è il medesimo che

---

[25] Cfr., http://www.breitbart.com/big-hollywood/2016/03/28/barbra-streisand-blasts-outright-sexism-in-medias-coverage-of-hillary-clinton/

tocca a Clinton. Nel saggio in questione la star di Hollywood invita gli americani a non temere le donne e a lottare per una parità di trattamento. Conclude scrivendo: «Hillary Clinton non ha paura. È giunto il momento che una donna coraggiosa, con l'esperienza e la compassione giusta guidi la nostra già grande nazione in un momento di insicurezza globale»[26]. Non conosciamo ancora chi occuperà la Casa Bianca per i prossimi quattro anni, se Trump o Clinton ma la prospettiva di una donna alla guida degli Stati Uniti mi rende molto fiducioso. Hillary è una candidata seria che è stata prima first lady accanto al marito diventato il 42° presidente Usa dal 1993 al gennaio 2001, poi senatrice dello stato di New York e poi segretario di Stato. La candidata democratica ha tutte le carte in regole per diventare presidente degli Stati Uniti. Ha competenza e soprattutto conosce ciò di cui parla. Unico ostacolo un avversario come Trump che utilizza l'offesa sessista come arma di seduzione di massa. Ha adoperato parole molto offensive per definirla perdente nel suo precedente confronto elettorale che portò Obama alla Casa Bianca. «La Clinton era favorita, ma "got schlonged, she lost" che tradotto dallo slang yiddish, suona come più o meno come "le hanno pisciato in testa e ha perso"»[27], oppure: «Pensavo si fosse arresa. Dove era andata? Hanno dovuto riprendere il dibattito senza di lei. È stata la fase 2, io so dove è andata, è disgustoso. Non voglio parlarne»[28] alludendo al bagno. In molti vedono Trump come il candidato meno adatto a ricoprire il ruolo di presidente degli Stati Uniti. I suoi

---

[26] Ibidem.
[27] http://www.askanews.it/esteri/trump-senza-freni-attacca-la-clinton-con-insulti-sessisti_711694122.htm
[28] Ibidem.

comizi sembrano degli show comici, con linguaggi scurrili e attacchi sistematici alle minoranze e forti provocazioni. Non ha diplomazia e utilizza spesso lo spauracchio di ricorrerre alle maniere forti con gli Stati che non si comporteranno in maniera adeguata qualora arrivi lui alla Casa Bianca. Hillary Clinton potrebbe scegliere come sua vice la senatrice Elizabeth Warren[29] affine anche all'altro candidato alla presidenza Usa il senatore Bernie Sanders. Confidando nel buon senso auspicato da Cartesio ci auguriamo che gli americani scelgano Hillary Clinton.

---

[29] http://www.repubblica.it/esteri/elezioni-usa/primarie2016/2016/06/10/news/primarie_usa_ticket_democratico_clinton_warren-141697151/

Bambole e cambiamenti culturali

Sin da piccoli veniamo indottrinati con certi espedienti per sviluppare quelle caratteristiche che la società desidera instillare in ognuno di noi. Con le donne la problematica è ancor più grave. Da bambine vengono preparate a diventare mamme e mogli. I regali sono sempre bambole, preferibilmente bambolotti, per far crescere in loro un senso di maternità. Elena Cavilli ha detto: «Regalate robot, costruzioni, microscopi, senza paura che non siano giochi "da femmine". Le competenze logiche, matematiche, scientifiche, non hanno sesso e vanno incoraggiate nelle bambine quanto nei bambini. Non c'è niente di male nel regalare una bambola ovviamente, l'importante è non limitarsi a quelle»[30]. A tal proposito urge una riflessione sulle bambole Barbie. Generazioni di donne son cresciute con una Barbie a cui, inevitabilmente, volevano assomigliare. «Dal lontano 1959- anno in cui nacque – a oggi, infatti, la Barbie è stata protagonista di infiniti chiacchiericci sulle sue misure. Psicologi e sociologi hanno urlato all'abominio quando nel 1963, è uscita la versione Pigiama Party corredata da accessori autoesplicativi: una bilancia ferma a 50 chili e un manuale di alimentazione contenente un unico consiglio, "Non mangiare"»[31]. Questo creò grossi dibattiti anche se molti scienziati asserirono che nessun essere umano simile alla Barbie poteva restare in vita a lungo. Ovviamente la Mattel, casa di produzione del giocattolo, negli anni ha sperimentato nuove forme di bambole in

---

[30] V. Esposito., *Fatele impennare, fateli piangere*, in *Vanity Fair* n.19 del 18 maggio 2016, p. 44.
[31] N. Verdelli., *Barbie (R)Evolution*, in *Glamour* n. 287 di aprile 2016, p. 215.

linea con l'evoluzione socio-culturale dell'Occidente creando Barbie Curvy, Tall e Petite. « "Siamo nell'era del pensiero post-coloniale: la globalizzazione ha avvicinato gli estremi del mondo e messo in crisi il modello Wasp (white anglosaxon protestant, ovvero bianchi anglosassoni protestanti, ndr) come canone unico di bellezza", esordisce Emanuela Mora, sociologa della cultura e della moda all'Università Cattolica di Milano»[32]. Ovviamente adesso sono state messe in commercio altre tipologie di Barbie: afro, lesbica etc. Naturalmente Nina Verdelli nel suo articolo si chiede perché non si umanizza anche Ken mettendogli un po' di pancetta o magari raffigurandolo stempiato! Chissà se la Mattel opererà i cambiamenti auspicati da molte donne.

---

[32] Ivi., p. 216.

Il dolore di uno stupro

Ci si sofferma ben poco sul dolore e la devastazione che prova una donna violentata. Ho conosciuto diversi anni fa a New York una ragazza taciturna ma cortese, si chiamava Tanya. Lei era amica di mio fratello e quando andai nella Grande Mela a trovarlo ci capitò di uscire una sera insieme. Andammo a Bryant Park dove ogni lunedì proiettavano un film all'aperto. Lei organizzò un piccolo pic nic. Ovviamente non parlammo molto. Era molto riservata ma ricordo la sua gentilezza nell'approcciarsi con noi. Mi offrì una fetta di Camembert, il formaggio francese che lei aveva acquistato per l'occasione e poi, dopo il film, ci avviammo per fare una piccola passeggiata. Era ironica ma con gli occhi che mascheravano bene un'angoscia esistenziale dovuta a dei trascorsi di cui io non sapevo nulla. Non la rividi più, ma anni dopo seppi da mio fratello che si era suicidata. In passato era stata violentata e quell' atroce sofferenza l'aveva segnata per tutta la vita. Aveva tentato diverse volte di togliersi la vita. Ripensava spesso a quella sottospecie di essere umano, un criminale a piede libero, che le aveva tolto la serenità e l'innocenza. Da quella violenza era nata anche una bambina ma lei, in un primo momento, non aveva voluto vederla, non si sentiva pronta a prendersi cura di lei. Quando la ragazza crebbe si frequentarono e instaurarono una forma di rapporto. Tanya uscì di scena in modo silenzioso. Si soffocò con una busta di plastica proprio nel weekend in cui la sua coinquilina e migliore amica era fuori casa. Per anni deve essersi sentita colpevole e sporca per qualcosa che non aveva fatto. Aveva interiorizzato la colpa. Nessuno era riuscito a salvarla da assurdi sensi di colpa che albergavano ormai dentro di lei. Le era stato insegnato una religiosità in cui Dio punisce e non è in grado di amare. Soffrire è l'unico modo per comprendere Dio[33]. Quando si parla di femminicidio in molti storcono il labbro definendolo un neologismo fatto appositamente per essere utilizzato dai mass media. Purtroppo non è così. È vero che si tratta sempre di omicidio ma in tal modo nessuno saprebbe che ad esser stata uccisa è una donna per la sola colpa di essere femmina. Ecco perché il termine è più che giusto.

---

[33] Cfr., E. E. Green., *Cristianesimo e violenza contro le donne*, op. cit., pp. 37-42.

L'orco di Amstetten

Dove inizia il confine che separa l'umanità dalla brutalità? Come si può tenere segregata la propria figlia in uno scantinato per 24 anni, abusando sessualmente di lei? Ebbene nell'aprile del 2008 il mondo intero venne sconvolto dalla terribile storia del mostro di Amstetten (Austria): Josef Fritzl. Una storia narrata dal giornalista Allan Hall in uno splendido quanto sconvolgente volume dal titolo *L'Inferno di Elisabeth*. Più ci addentriamo in questa storia e più siamo pervasi da una repulsione, da un senso di disgusto che si intensifica quando si legge dell'agire di un padre – carnefice, che progetta uno scantinato per imprigionare la propria figlia e violentarla fino a soddisfare i propri impulsi sessuali. Per ventiquattro anni (sparì il 28 agosto 1984) Elisabeth visse senza sapere nulla del mondo circostante, trovando la sua ragion di vivere nei figli nati dal rapporto incestuoso intercorso con il padre. Una storia che nemmeno i fratelli Grimm o il marchese De Sade avrebbero mai immaginato di raccontare ai propri lettori. Joseph Fritzl, era un uomo e padre esemplare davanti alla comunità, ma mostro perverso nel privato. Traumatizzato dal nazismo vissuto da piccolo nella sua Austria, fu contagiato dall'aura negativa e sinistra del Reich e di Hitler. Proprio seguendo e appassionandosi ai loro esperimenti progettò questo scantinato che avrebbe tenuta segregata la figlia, separata da ben otto porte semi-elettroniche con codici che soltanto lui poteva attivare e disattivare. Fritzl non era un pazzo, ma come è scritto nel libro Hall: «Ci vuole una mente di incalcolabile crudeltà per costruire una cosa simile, e questo andrà a detrimento della sua difesa basata sull'infermità mentale, perché è chiaro che tutto è stato fatto con premeditazione». Il 19 marzo 2009 la corte d'assise di Sankt Poelten (Austria) ha condannato Josef Fritzl all'ergastolo che sconterà in un ospedale psichiatrico. Come ha spiegato la teologa e pastora Green spesso le donne violentate dal proprio padre hanno confessato di non riuscire a ribellarsi perché farlo, in qualche modo, significava tradire un capofamiglia che somigliava tanto a Dio[34].

---

[34] Cfr., E. E. Green., *Cristianesimo e violenza contro le donne*, op. cit., p. 45.

Femminicidi

In conclusione sono moltissime le donne che si sono impegnate e continuano ancora a lottare sia per i diritti delle donne e sia per quelli dell'intera umanità. Soffermarmi su ognuna di loro[35] mi è impossibile e quindi mi limiterò a citare solamente alcuni nomi: Elisabetta I, Artemisia Gentileschi, George Sand, Simone de Beauvoir, Simone Weil, Hannah Arendt, Rita Levi Montalcini, Tamara de Lempicka, Margherita Hack, Franca Rame, Veronica Guerin, Anna Politkovskaja, Kuki Gullmann, Malala Yousafzai, Patti Smith, Tina Anselmi, Nilde Iotti, Samantha Cristoforetti, Vandana Shiva, Paola Regeni, Felicia Impastato, Valeria Solesin etc. Sembra quasi impossibile dover spiegare a qualcuno l'importanza della donna per la società. Trovo insensato farlo perché non riesco a capire come possano esistere dubbi a tal proposito. Dire che le donne sono parte della storia è una tautologia. La donna è il mondo! Vedere ancora soggetti che non tollerano la presenza femminile nella società mi stupisce e indigna. Molti di questi soggetti non si limitano a tenerle in disparte ma le reputano parte della loro collezione di trofei. La proprietà di un oggetto è cosa leggittima ma nessuno può possedere un altro suo simile. Non si può decidere della vita di un essere umano in base ai nostri capricci. I casi di violenza sulle donne[36], che in Italia popolano gran parte dei nostri notiziari, è un indice

---

[35] Per approfondire l'argomento vi consiglio la lettura dei seguenti volumi: P. Izquierdo., *Libere!*, Cavallo di Ferro, 2007; R.L.,Montalcini e G. Tripodi., *Le tue antenate*, Gallucci 2008.
[36] Dall'inizio del 2016 le donne assassinate sono già più di 60!

dello stato di arretratezza sia della nostra cultura e sia degli organi istituzionali. Spesso tali omicidi vengono liquidati con definizioni che tendono ad escludere una certa premeditazione da parte dell'assassino. La criminologa Alessandra Bruzzone ha ricostruito un identikit degli assassini che si sono macchiati del delitto di femminicidio: «Agiscono sempre personalità narcisistiche: uomini che tendono a tradire, cinici, anche se apparentemente normali, che davanti all'ipotesi di separarsi preferiscono eliminare la moglie, vissuta solo come un ostacolo alla loro realizzazione personale (...) La storia dei raptus è una stupidaggine, perché tutte queste vicende trasudano crudeltà, lucidità e voglio sottolinearlo: sono scelte. (...) (Di solito ndr) sono uomini fragili, immaturi, ma pericolosissimi. Tendono a tutelare se stessi e davanti alla scelta o loro o la loro donna non hanno esitazioni. [...] Muoiono le donne che decidono di sottrarsi al controllo del loro oppressore. Però voglio sottolineare che la condanna a morte non la firma solo l'aggressore, ma anche chi non raccoglie l'allarme di queste donne: sono migliaia le denunce ferme nei tribunali. E l'emergenza scatta solo quando c'è una nuova vittima: spesso la possibilità di salvarla c'era»[37].

In conclusione come ha scritto la sociologa Graziella Priulla: «I temi su cui le donne avrebbero molto da dire sono innumerevoli: il populismo, le politiche securitarie, la xenofobia, l'omofobia, il precariato, l'ambiente, le biotecnologie, l'autodeterminazione...e oggi le problematiche del corpo, della persona, della sessualità hanno assunto una centralità mai conosciuta prima:

---

[37] G. Giorgetti., *Narcisismo, soldi e gelosia trasformano gli uomini deboli in killer spietati*, in *F*, n. 20 del 22/05/2013, pp. 38-40.

purtroppo non nella direzione che avremmo voluto. La cosidetta "questione femminile" (in realtà il rapporto uomo/donna) è riemersa, ha cercato brecce nei canali di comunicazione, ma per motivi regressivi: o come effetto collaterale del casi Vallettopoli, Noemi, Ruby ecc., per una sbigottita denuncia della crescente mercificazione dei corpi, o per l'angosciosa consapevolezza di una nuova e violenta ondata di misoginia, che arriva fino al frequente femminicidio»[38].

È giunto quindi il momento di dire basta al femminicidio e un deciso no all'esclusione della donna nella società. Solamente lottando per una causa comune si potrà giungere ad un obiettivo comune.

---

[38] G. Priulla., *La comunicazione politica*, in R. Palidda., a cura di, *Donne, Politica e Istituzioni. Percorsi di ricerca e pratiche didattiche,* Edit Press, Firenze 2012, p. 306.

Breve storia dell'omosessualità

Anche in questo caso parlare della legittimità dell'omosessualità mi sembra un controsenso tanto quanto discutere del valore e dell'intelligenza della donna. Chi si pone ancora oggi domande sull'esistenza dell'omosessualità è uno stupido che non ha compreso che tale orientamento sessuale è parte dell'umanità e nulla può quindi essere interpretato come "devianza" o atto "contro natura". Quest'ultimo poi è un concetto senza senso. La natura ha dimostrato ampiamente che gli animali praticano l'omosessualità, e buon per loro il non doversi subire le ritorsioni dei rappresentanti religiosi delle proprie tribù.

Nell'Antica Grecia l'amore fra uomini era consentito e nessuno si scandalizzava da questa forma d'amore. Certamente non si deve confondere questo con il fatto che all'epoca, così come nell'Antichità, il concetto di gay o omosessualità non esisteva[39]. Nel *Simposio* di Platone non scorgiamo mai tali etichette. Fulcro dell'opera è proprio l'amore, l'eros e le sue diverse facce. Ricordiamo l'amore tra Achille e Patroclo descritto ne *L'Iliade*. Gli

---

[39] Il filosofo Michel Foucault sostenne che la definizione effettiva dell'omosessualità moderna risale all'Ottocento. Addirittura lo studioso inglese Graham Robb sostiene che la persona gay nell'epoca vittoriana pur non definendosi viveva la propria sessualità in modo più serena rispetto ad oggi (Cfr., G. Robb., *Sconosciuti. L'amore e la cultura omosessuale nell'Ottocento*, Carocci, Roma 2005). Cosa non molto vera se pensiamo alle sodomy laws vigenti in Inghilterra e che furono abolite solo nel 1963. Due esempi sono proprio lo scrittore Oscar Wilde rinchiuso in prigione per il reato di odomia e il matematico Alan Turing suicidatosi a causa della castrazione chimica a cui fu sottoposto in quanto omosessuale (a tal proposito si consiglia la visone del film *The Imitation game* 2015).

stessi romani lo praticavano ed esistono molti resoconti come quelli riguardanti l'amore dell'imperatore Adriano per il giovane Antinoo. Alla morte del suo amato gli dedicò persino una città che lui chiamò Antinopoli. Nessuno si scandalizzava per questo. Sarà con l'avvento della religione cristiana e con l'interpretazione arbitraria del messaggio evangelico a "risvegliare" la moralità dei romani. Nell'Antico Testamento, diventato parte integrante della Bibbia cristiana, si parla della sodomia come qualcosa di abominevole. Anche qui il termine omosessuale è inesistente. Ciò che spesso i teologi conservatori cattolici e cristiani in genere ignorano è che quando il popolo d'Israele fece irruzione nella storia umana, dovette fare i conti con le due civiltà già esistenti e più importanti, quella mesopotomica ed egiziana, con alle spalle II milleni di storia e di cultura. Per comprendere quindi la mentalità dei redattori della Bibbia occorre conoscere come concepivano gli egizi e i sumeri l'amore fra uomini. Fra i sumeri: «La sessualità, nella sua qualità di piacere accordato all'uomo durante la vita, è percepita positivamente e questa percezione non sembra limitata ai soli rapporti eterosessuali (...) I rapporti sessuali tra uomini esistono e sono conosciuti»[40]. A parte i prostituti uomini che non erano ben visti, perfino nelle "Leggi Assire" si leggono dei riferimenti all'amore fra maschi. Nell'Antico Egitto, invece, non troviamo molti riferimenti ai rapporti amorosi fra persone dello stesso sesso e disponiamo solamente del racconto mitologico di Horo violentato da Seth. Ma: «L'esempio che più colpisce proviene da una tomba scoperta a Saqqara e risalente alla V dinastia

---

[40] T. Römer, L. Bonjour., *L'omossessualità nella Bibbia e nell'antico Vicino Oriente*, Claudiana, Torino 2007, pp. 20-21.

(2350 a. C.). Questa tomba contiene il sarcofago di due alti funzionari i cui nomi postumi, Khnumhotep e Niankhkhunum, implicano un legame di grande forza: la parola "Khnum", nome di un dio creatore, rimanda etimologicamente ai verbi "congiungere" e "unire". Si tratta del solo esempio di cui disponiamo in cui due uomini, per di più mariti e padri, sono sepolti insieme»[41]. Quindi nell'Antichità esistono resoconti di vita di coppia omosessuale e anche nei racconti mitologici riguardanti la divinità vediamo accadere questo. Nella tradizione ebraica e poi cristiana ciò è inconcepibile. Ma lo sbaglio che in molti fanno ancora oggi è quello di leggere la Bibbia come un manuale di vita contenente verità inviolabili. È evidente che: «Per evitare possibili trappole è importante in primo luogo situare questi scritti nei loro contesti storici e non leggerli in modo immediato con le preoccupazioni della nostra epoca e della nostra cultura. Gli autori biblici in effetti, e i contemporanei a cui si rivolgevano, avevano molto probabilmente altre preoccupazioni e altre problematiche. Per capire i testi biblici è necessario prenderne le distanze, spostando la centralità da noi stessi e cercando prima di tutto di comprenderli a partire dalla loro situazione comunicativa»[42]. Gli autori della Bibbia non scrivono manuali di antropologia e sessualità e difatti scorgiamo fra le pagine solamente alcuni riferimenti sporadici e poco approfonditi al fattore omosessuale. Quindi è totalmente a-storico impossessarsi di storie e concetti letti nell'Antico Testamento e proiettarvi i dubbi e le incertezze di oggi. Nella Bibbia leggiamo dell'affetto particolare di Davide e Gionatan nel primo libro di

---

[41] Ivi., p. 35.
[42] Ivi., p. 39.

Samuele. Sentimento raccontato anche nell'epopea di Gilgameš, dove si racconta anche dell'orientamento sentimentale tra lo stesso Gilgameš e Enkidu. Questo sta a significare che i regni di Israele e di Giuda furono contaminati dai racconti e dalla cultura dell'impero mesopotamico o da quelli dell'Antico Egitto. Quindi è molto probabile che l'Epopea di Gilgameš fosse giunta a Gerusalemme[43], e che gli autori biblici si ispirarono proprio a quell'amore fra uomini per descrivere il rapporto affettivo di Davide e Gionatan. Questo sta a significare che la Bibbia risente di influenze e di culture diverse. Leggere quindi la Bibbia senza tenere conto del contesto storico in cui fu concepita è una vera forzatura.

«Occorre ricordare che gli autori biblici considerano la schiavitù un dato naturale e non concepiscono l'uguaglianza tra uomo e donna. Bisogna prendere sul serio il fatto che la concezione della sessualità e dell'omosessualità in questi testi antichi di due millenni o più non è la nostra. [...] Quale coerenza c'è oggi nel selezionare questa sola legge del Levitico che vieta i rapporti sessuali tra due uomini, considerando al contempo il 99% dello stesso Codice di santità non applicabile alla società odierna? In che cosa l'omosessualità è più condannabile dell'adulterio? Le due "trasgressioni" nel Levitico sono punite con la morte e tuttavia la nostra società è molto più intollerante verso la prima che verso la seconda. Quale comprensione e quale interpretazione dei testi possono spiegare un tale eclettismo?»[44].

Purtroppo con l'andare del tempo la lettura testuale dei passi biblici divenne di uso comune nella Chiesa Cattolica

---

[43] Cfr., Ivi, p. 107.
[44] Ivi., p. 130.

e non solo, anche se solo quelli relativi alla sessualità; poiché i passi sulla povertà non furono mai presi in seria considerazione. Non bisogna dimenticare che gli omosessuali venivono bruciati e arsi vivi durante l'inquisizione[45].

«Non riuscivo a credere allora, e non credo certo adesso, che la condotta omosessuale sia intrinsecamente disordinata, per cui non potrebbe esservi una vita moralmente degna se non nell'ambito dell'unico "uso" legittimo, quello riproduttivo, della sessualità. Oggi più chiaramente di allora mi rendo conto che l'orrore della Chiesa cattolica per l'omosessualità è uno dei più evidenti residui superstiziosi che la segnano, come sarebbe se predicasse ancora che esistono animali impuri il cui contatto va evitato a ogni costo; o come è l'antifemminismo di fondo che induce il Papa a rifiutare l'idea del sacerdozio femminile, solo in base al fatto che gli apostoli erano maschi (ma, come ha osservato qualcuno: erano anche pescatori, ebrei, sposati: non dovrebbe contare anche questo?), interpretato come provvidenziale alla luce di una concezione metafisica della vocazione "naturale» della donna"[46].

La cosa però non riguarda certamente solo il cattolicesimo e il cristianesimo, ma abbraccia l'ebraismo, l'islamismo e persino il buddismo. Anche il premio Nobel per la Pace, il XIV Dalai Lama, uomo di grande saggezza spirituale ha dichiarato che l'omosessualità non è un bene e che «usare gli altri due buchi è sbagliato»[47]. Però a

---

[45] Si consiglia la lettura del libro C. Porcino., *Sulla pena di morte. Da Beccaria ad oggi*, Lulu Edition, 2014.

[46] G. Vattimo., *Credere di credere*, Garzanti, Milano 1996, pp. 72-73.

[47] C. Long., *Dalai Lama. Quando rinasco* in *Gioia* n. 26 del 30/06/2012, p. 51.

differenza del suo collega cattolico il Dalai Lama ha fortunatamente cambiato idea e l'ha dichiarato pubblicamente: «Se due persone in una coppia sentono davvero che questa strada (il matrimonio fra persone dello stesso sesso ndr) è più pratica, che c'è più soddisfazione, e tutte e due le persone sono pienamente d'accordo, allora è ok»[48]. Ha inoltre specificato che i dettami religiosi valgono solo e soltanto per i credenti e di conseguenza non possono essere imposti a chi non condivide la stessa fede. Inoltre ha detto che perseguitare le persone gay, lesbiche e transessuali: « è sbagliato, ed è una violazione dei diritti umani»[49]. Anche sul versante donne il Dalai Lama è totalmente all'opposto del papa. In una recente intervista ha dichiarato che il suo successore potrebbe essere una donna: «Se le circostanze sono tali che un Dalai Lama donna sembri più utile, una donna Dalai Lama verrà (...) Il mondo è in preda ad una "crisi morale" e ha bisogno di un leader che possieda un'enorme sensibilità. Da un punto di vista biologico, le donne hanno maggiore potenziale, una maggiore sensibilità al benessere degli altri. Mi ricordo che mio padre aveva un temperamento molto deciso e in qualche caso sono stato anche picchiato. Ma mia madre era così meravigliosamente compassionevole»[50].
Purtroppo negli stati come l'Iran e nei paesi di religione islamica la condanna agli omosessuali è la pena di morte.

---

[48]http://www.ilmessaggero.it/primopiano/esteri/dalai_lama_matrimoni_omo sessuali_usa_cina-319782.html
[49] Ibidem.
[50] http://www.amando.it/societa/attualita/dalai-lama-donna.html

Chiesa cattolica e omosessualità

Con il papato di Giovanni Paolo II la condanna all'omosessualità è stata ferma e assoluta, e il suo successore Benedetto XVI ha fatto assai peggio con le forme discriminatorie, tanto da doversi dimettere stupendo tutto il mondo a causa della sua fallibile e retriva linea dottrinale. Grazie alla rinuncia di Ratzinger al soglio pontificio, il mondo ha salutato con grande interesse l'elezione di Jorge Mario Bergoglio diventato successore di Pietro come papa Francesco. Recentemente in un'intervista al quotidiano cattolico *Avvenire* papa Francesco ha sorpreso nuovamente tutti affermando: «Dobbiamo annunciare il Vangelo su ogni strada, predicando la buona notizia del Regno e curando, anche con la nostra predicazione, ogni tipo di malattia e di ferita. A Buenos Aires ricevevo lettere di persone omosessuali, che sono "feriti sociali" perché mi dicono che sentono come la Chiesa li abbia sempre condannati. Ma la Chiesa non vuole fare questo. Durante il volo di ritorno da Rio de Janeiro ho detto che, se una persona omosessuale è di buona volontà ed è in cerca di Dio, io non sono nessuno per giudicarla. Dicendo questo io ho detto quel che dice il Catechismo. La religione ha il diritto di esprimere la propria opinione a servizio della gente, ma Dio nella creazione ci ha resi liberi: l'ingerenza spirituale nella vita personale non è possibile. Una volta una persona, in maniera provocatoria, mi chiese se approvavo l'omosessualità. Io allora le risposi con un'altra domanda: "Dimmi: Dio, quando guarda a una persona omosessuale, ne approva l'esistenza con affetto o la respinge condannandola?". Bisogna sempre considerare la persona. Qui entriamo nel mistero dell'uomo»[51].

Mai fino ad oggi un successore di Pietro si era espresso con così tanta lucidità e sensibilità sull'argomento omosessualità. Le parole di papa Francesco valgono doppiamente in un contesto culturale come quello italiano omofobo che non punisce chi massacra di botte o uccide le persone gay.

Si è citato in precedenza la straordinarietà del cardinal Carlo Maria Martini, e dalla testimonianza di Michela Marzano, filosofa e politica, apprendiamo ancora una volta di questa sua intelligenza sopraffina: «Mio fratello, il Cardinal Martini, lo ha incontrato a Gerusalemme e sono diventati amici.(...) Arturo era a Gerusalemme proprio negli anni in cui Martini era tornato all'Istituto Biblico. Tra il 2002 e il 2007. Proprio quando mio fratello rimetteva insieme i pezzi della propria storia personale. Arturo è gay. E per anni aveva convissuto con la vergogna e i sensi di colpa. Quella vergogna e quei sensi di colpa che, pian piano, è poi riuscito a lasciarsi alle spalle proprio a Gerusalemme»[52]. L'autrice prosegue scrivendo dell'educazione familiare ricevuta. I genitori erano dei cattolici tradizionali che perseguivano l'ideale inculcato e appreso al catechismo di formare una famiglia "naturale". Ricorda quando i suoi genitori incontrarono a Gerusalemme il cardinale Martini, e lui li invitò insieme al fratello ad una cena. I genitori le raccontarono che Martini: «Non ha fatto altro che lodarlo e complimentarsi

---

[51] A. Spadaro., *La Chiesa, l'uomo, le sue ferite. Intervista a papa Francesco*, in *Avvenire*: http://www.avvenire.it/Chiesa/Pagine/intervista-papa-civilta-cattolica.aspx

[52] M.Marzano., *Una famiglia normale. Io anoressica, mio fratello gay* in *Vanity Fair* n. 41 del 21 ottobre 2015, p. 66.

con noi per il figlio che avevamo»[53]. La madre ancora oggi si commuove ripensando a quelle parole. Fu proprio questo che spinse Marzano a combattere per i diritti degli omosessuali, «perché mio fratello è gay, per evitare che anche agli altri dicano "frocio" come hanno detto a scuola a lui». L'arcivescovo anglicano Desmond Tutu ha affermato: «Noi abbiamo lottato contro l'apartheid perché soffrivamo e venivamo maledetti per qualcosa riguardo alla quale non potevamo farci niente. È lo stesso per l'omosessualità. L'orientamento è qualcosa che è in noi, non una questione di scelte. Sarebbe folle per qualcuno lo scegliere di essere gay, considerando l'omofobia che esiste». Come dicevamo purtroppo la religione cattolica e altre confessioni protestanti di stampo tradizionalista non hanno aiutato in tal senso gli omosessuali. Recentemente papa Francesco ha sostenuto: «Innanzitutto mi piace che si parli di "persone omosessuali": prima c'è la persona, nella sua interezza e dignità. E la persona, non è definita soltanto dalla sua tendenza sessuale: non dimentichiamoci che siamo tutti creature di Dio, destinatarie del suo infinito amore»[54]. Mentre nell'esortazione apostolica *Amoris Laetitia*: «La Chiesa conforma il suo atteggiamento al Signore Gesù che in un amore senza confini si è offerto per ogni persona senza eccezioni.[275] Con i Padri sinodali ho preso in considerazione la situazione delle famiglie che vivono l'esperienza di avere al loro interno persone con tendenza omosessuale, esperienza non facile né per i genitori né per i figli. Perciò desideriamo anzitutto ribadire che ogni persona, indipendentemente dal proprio orientamento

---

[53] Ibidem.
[54] Francesco., A. Tornielli., *Il nome di Dio è misericordia*, Piemme, Milano 2016, p. 75.

sessuale, va rispettata nella sua dignità e accolta con rispetto, con la cura di evitare «ogni marchio di ingiusta discriminazione»[276] e particolarmente ogni forma di aggressione e violenza. Nei riguardi delle famiglie si tratta invece di assicurare un rispettoso accompagnamento, affinché coloro che manifestano la tendenza omosessuale possano avere gli aiuti necessari per comprendere e realizzare pienamente la volontà di Dio nella loro vita»[55]. Dichiarazioni storiche e in controtendenza con i predecessori di Francesco. Ma non possiamo dimenticare il trattamento che ha ricevuto Mons. Krysztof Charamsa, teologo e ufficiale della Congregazione per la dottrina della fede. Alla vigilia dell'apertura del Sinodo sulla famiglia ha avuto il coraggio di confessare la sua omosessualità ed è stato prontamente esonerato dagli incarichi in Vaticano e poi obbligato a lasciare il sacerdozio. Mai tanta solerzia, invece, con i preti pedofili. Per il Vaticano un prete gay è più pericoloso di un sacerdote pedofilo. Questa omofobia radicalizzata fa perdere di vista che l'amore non ha sesso ma è solo Amore. Mentre la pedofilia è un crimine contro l'umanità e i preti che si macchiano di tale abominio non possono restare sacerdoti ma espulsi e consegnati alla giustizia secolare. Occorre, una volta per tutte, affermare che tra omosessualità e pedofilia non intercorre alcun legame come, invece, insinuano subdolamente alcuni cardinali di spicco per depistare e confondere le masse. Ad esempio don Gino Flaim, parroco della diocesi di Trento, in un'intervista effettuata dalla trasmissione *L'aria che tira* ha detto: «Io la pedofilia posso capirla, l'omosessualità non lo so. Io sono stato tanto a scuola e i bambini li

[55]http://w2.vatican.va/content/francesco/it/apost_exhortations/documents/pa
pa-francesco_esortazione-ap_20160319_amoris-laetitia.html

conosco. Purtroppo ci sono i bambini che cercano affetto, perché non ce l'hanno in casa. E magari se trovano qualche prete, può anche cedere insomma. E lo capisco questo». Tali agghiaccianti affermazioni non si fermano qui. Alla domanda «Sono dunque i bambini la causa?» la risposta del don è stata:«In buona parte sì»[56].

Ma ritornando al teologo Krysztof Charamsa l'aver confessato di avere un compagno ha gettato nel panico la santa sede. Infatti: «Devo parlare di ciò che ho subìto al S.Uffizio, che è il cuore dell'omofobia della Chiesa cattolica, un'omofobia esasperata e paranoica. Dedico il mio coming out ai tantissimi sacerdoti omosessuali che non hanno la forza di uscire dall'armadio»[57]. Charamsa ha definito il Vaticano la culla dell'omofobia. «La Chiesa non parla di orientamento sessuale ma di tendenza.... Non è solo desiderio della carne: la Chiesa vede solo l'omosessualità nell'ottica del desiderio carnale. Per questo motivo ho presentato la persona che amo. Serve il piacere, quella realizzazione nella sessualità sana. La Chiesa non ha neanche la definizione giusta dell'omosessualità. La sua definizione è falsa e tronca. Bergoglio parlava di visione demoniaca dell'omosessualità e di matrimonio gay come segno di decadenza dei tempi»[58]. Il settimanale *Vanity Fair* ha pubblicato un'intervista anonima di un prete gay presente all'interno del Sinodo di ottobre. Lo stesso ha detto riguardo il caso Charamsa: «Anche se più che del coming

---

[56] D. Allegranti., *E la Chiesa da quale pulpito?*, in *Vanity Fair* n. 41, cit, p. 36.

[57] http://www.huffingtonpost.it/2015/10/03/krzysztof-charamsa_n_8236980.html

[58] http://www.gay.it/attualita/news/krzysztof-charamsa-benedetto-xvi-gay-sarebbe-fantastico

out vorrei si parlasse del fatto che Padre Charamsa ha rotto il suo patto di celibato. Perché il punto è il celibato, non l'orientamento sessuale. Sono tantissimi i preti e le suore che hanno rapporti sessuali o relazioni durature. Io lo so per certo perché li confesso. La Chiesa non può più mentire, deve dare ai sacerdoti la possibilità di sposarsi e fare una famiglia»[59]. L'anonimo prelato ha detto in conclusione dell'intervista: «(papa Francesco ndr) mi piace molto. Chissà se riuscirà a fare davvero qualcosa. La prossima volta i cardinali si guarderanno bene dal rileggere un altro rivoluzionario come lui. Non ci posso credere che ho appena detto (scritto) questa cosa»[60].

È evidente che all'interno della Chiesa cattolica esistono molte contraddizioni e preti che hanno avuto un approccio diverso alla tematica. Ad esempio Don Franco Barbero che nel 1973 fondò la comunità "Viottoli". In questa comunità le persone gay trovarono rifugio e accettazione. Un prete rivoluzionario che benediceva l'amore omosessuale e che il Vaticano dimise dallo stato clericale nel 2003[61]. Come non ricordare l'indimenticabile don Andrea Gallo, il quale sosteneva: «Se diventassi Papa mando via tutti dal Vaticano, anche l'ultimo usciere, si va per le strade in cerca di cristiani. Via quelli della Curia e sacerdozio delle donne subito, non c'è inferiorità tra uomo e donna. Sì anche al matrimonio per i preti e per i gay. Tutti pontificano in nome di Dio, ma chi gli ha telefonato? Quando c'è l'amore non ci può essere niente di sbagliato». Forse i credenti necessitano

---

[59] G. Privitera., *Quello che i preti non dicono* in *Vanity Fair* n. 41, cit, p. 40.
[60] Ibidem.
[61] F. Gnerre., *La biblioteca ritrovata. Percorsi di lettura gay nel mondo contemporaneo*, Rogas Edizioni, Roma 2015, pp. 126-128.

di figure così spontanee e non di simboli che non possono far nulla per cambiare il corso delle cose. Ma chi non crede non dovrà certamente subìre passivamente imposizioni che non appartengono al proprio modo di vedere.

Omofobia in Italia

«L'omofobia, ovvero quell'insieme di atteggiamenti di rifiuto, squalifica ed etichettamento, che induce ad agire poi comportamenti discriminatori nei confronti delle persone gay, condiziona quotidianamente il tessuto sociale e le strutture portanti della società, quindi la famiglia, le istituzionu scolastiche, il contesto di lavoro, le associazioni religiose e sportive, ecc. Una diffusione così ampia dell'omofobia, credo riscontrabile purtroppo ancora spesso anche in buona fetta di psicoterapeuti, fa sì che si arrivi ad una sorta di sua istituzionalizzazione. La permeabilità sociale dell'omofobia produce l'effetto di rafforzare i pregiudizi individuali e limita, di conseguenza, la possibilità di rispettare e sostenere i diritti civili delle persone omosessuali»[62].

L'omofobia dilagante in Italia è un fatto grave è inconcepibile. A parer mio nessun omosessuale deve aspettarsi una benedizione religiosa alla propria unione, perché non serve. È lo Stato che deve sancire e tutelare i diritti di ogni suo componente, e non le Istituzioni religiose che sono intente a tutelare e portare acqua al proprio mulino. Per combattere l'omofobia così come il femminicidio di cui parlavo nel capitolo precedente, occorre adoperarsi sin dalla più tenera età con dei programmi e progetti educativi che illustrino ai discenti l'educazione di genere e le diverse forme di affettività. Proprio alla fine di questo volume troverete un progetto da me ideato per essere attuato nelle scuole italiane e già sottoposto all' attenzione dell'Assessorato alle Politiche Scolastiche della città di Catania. Purtroppo la risposta

---

[62] G. Iaculo., *Le identità gay*, Fabio Croce Editore, Roma 2002, pp. 24-25.

che quasi sempre si riceve in queste occasioni è che non ci sono fondi necessari per avviare il progetto, oppure che il bilancio comunale è in fase di chiusura e quindi non può essere inserito per l'anno scolastico in corso. Aprendo una piccola parentesi la scuola italiana, già pesantemente penalizzata dalle finanziarie dei governi di ogni schieramento politico, talvolta investe i propri soldi in attività extrascolastiche futili come il gioco degli scacchi, la scrittura creativa, etc. Insomma la priorità di un paese civile è quella di educare i suoi cittadini alla convivenza sociale senza operare discriminazioni. Eppure si preferisce all'educazione di genere gli scacchi! Mi sembra un paradosso. C'è inoltre chi chiede agli insegnanti o ai progettisti di farlo gratuitamente, ignorando che la stessa Costituzione italiana sancisce che nessun lavoro può essere non retribuito e a maggior ragione quello dei giovani professionisti senza un lavoro stabile. In Francia si sono predisposti dei corsi sull'amore tenuti da esperti come il filosofo francese Jean − Luc Nancy [63] ad un pubblico di giovanissimi, i bambini delle scuole elementari. Ma chiudendo questa parentesi la sessualità e di rimando la storia dell'omosessualità non può ignorare certi fattori.

«Saltando molti atroci editti di ispirazione cristiana e quindi criminogena dall'editto di Costantino in su, la sola eccezione all'imperante omofobia... che trasforma l'omosessuale nella moderna strega per eccellenza... è il Codice Napoleonico del 1805, che legislativamente pone fine nei territori occupati ai "reati" immaginari quali la stregoneria, l'eresia e la sodomia, codice che, ancor prima dell'esilio di Napoleone all'Isola di Sant'Elena e a

---

[63] J. L. Nancy., *M'ama, non m'ama*, Utet, 2009.

Restaurazione già avviata, decade quasi ovunque già a partire dal 1814 e ripristina i peccati in reati. Quello che succede dopo, dalla caduta della Repubblica di Weimar all'avvento di Hitler, Mussolini e Pio XII fino a Joseph Ratzinger, pupillo nato dalla costola della Hitlerjugend, e alla copertura dei preti pedofili...in Irlanda, Stati Uniti, Germania; in Italia, poi, non parliamo neanche..da parte delle alte gerarchie vaticane che come tutti gli assassini puntano, ripeto, il dito per deviare l'attenzione su di sé, lo sappiamo fin troppo bene, e se non lo sapete affatto, io non posso essere per voi più enciclopedico e soccorrevole di così»[64]. Quanto afferma lo scrittore Aldo Busi è molto veritiero. Spesso il vero omofobo non è altro che un omosessuale represso e ad affermarlo sono proprio gli studi di psicologia. Come asserito dallo psicologo, biologo e sessuologo Alfred Kinsey: «Soltanto la mente umana inventa categorie e cerca di forzare i fatti in gabbie distinte. Il mondo vivente è un continuum in ogni suo aspetto. Prima apprenderemo questo a proposito del comportamento sessuale umano, prima arriveremo a una profonda comprensione della realtà del sesso»[65].

Soltanto noi esseri umani ci poniamo categorie ed etichette per catalogare ogni cosa. Gli Cheyenne, ad esempio, chiamavano gli omosessuali gli "uomini donna" e li accettavano nella loro società con grande rispetto. Molti di loro venivano considerati portatori di luce e di attributi divini.

«La tradizione arapaho narra che Nih'a'ca fu il primo berdache (omosessuale ndr) di cui si abbia memoria e di come Nih'a'ca fingesse di essere una donna, e in tal senso si unisse in matrimonio a un puma, indubbio simbolo di

---

[64] A. Busi., *E baci*, Il Fatto quotidiano, Roma 2013, pp.405 - 406
[65] Ibidem.

mascolinità. Gli Arapaho affermano che il mito sottintenderebbe il desiderio da parte di Nih'a'ca di essere donna a tutti gli effetti, e sostengono che a mano a mano che il berdache è pienamente libero di esprimere quello che sente "diviene" sempre più il sogno che sogna, realizzando la sua volontà di rinunciare a essere l'uomo che la natura ha generato morfologicamente per entrare nel mondo che agogna di scoprire e di vivere pienamente, ovvero quello di donna. La morale del mito, in poche parole, ci insegna quanto sia illusorio catalogare gli esseri umani a seconda dei generi e quanto piuttosto questi si decidano da sé a prescindere dal sesso»[66].

Questa stasi culturale e giuridica permette impunemente il proliferare degli attacchi omofobi e della derisione dei cosidetti "diversi". In questi anni sono stati molti i giovani adolescenti suicidatisi in Italia perché non accettavano la propria sessualità che vedevono messa in ridicolo non solo dai compagni di scuola, ma talvolta dalle battute ascoltate in famiglia e in televisione.

È importante comprendere che il "sesso" non è sinonimo di "genere". Quando parliamo di sesso maschile e femminile ci riferiamo alle caratteriche fisiche, anatomiche dei soggetti, mentre quando discutiamo di genere intendiamo un processo di costruzione sociale e culturale che non è innato ma semplicemente acquisito: «Il concetto di identità di genere fa riferimento all'interpretazione dei fattori che influenzano, lungo diversi fasi della vita, lo sviluppo del vissuto di appartenenza sessuale dell'individuo, all'interno del proprio contesto biografico, culturale e storico. La formazione dell'identità di genere ha origini precoci

---

[66] E. Braschi., *La conoscenza segreta degli Indiani d'America. Un mondo al contrario*, Verdechiaro Edizioni, Baiso (Reggio Emilia) 2011, p. 80.

all'interno della storia individuale, ha inizio infatti nel momento del concepimento, con le fantasie genitoriali sull'esistenza stessa di un bambino sessuato, e prosegue fino all'adolescenza che si caratterizza come processo di revisione e rielaborazione della storia sessuale infantile, in particolar modo della fase edipica, in vista di un'organizzazione sessuale definitiva e quindi al raggiungimento di una definitiva identità di genere»[67].

Bisogna porre un argine a questa situazione perché non si può più accettare che un giovane gay si senta escluso dal corpo sociale di cui è parte integrante, e in cui vive. Discorso ancora più delicato per i transgender costretti nella maggior parte dei casi a prostituirsi per sopravvivere e per esprimere la propria sessualità[68]. Il primo transgender della storia della letteratura mondiale fu proprio Tiresia. A causa di un sortilegio fu tramutato per sette anni in una donna e poi in un uomo. La transessualità quindi è nota sin dai tempi più antichi, eppure davanti ai loro diritti esistono politici che ancora oggi fingono di strabuzzare gli occhi, incapaci di comprendere la loro esistenza[69]. C'è anche il caso di dire che l'omosessualità più ostacolata è di certo quella fra

---

[67] V. Schimmenti., a cura di, *Il tempo dell'adolescenza. Mutamenti soggettivi e trasformazioni sociali*, Franco Angeli, Milano 2009, p. 48.

[68] Cfr., M. D. P. Pocchiesa, *Ragazze di vita. Viaggio nel mondo della prostituzione*, Editori Riuniti, Roma 1996.

[69]Si consiglia la visione del film *The Danish girl* (2015). Il film racconta la vera storia del pittore danese Einar Wegener e di sua moglie Gerda, anche lei pittrice. Einar dopo aver posato in abiti femminili per le opere della moglie inizia a trasformarsi in Lili, il suo alter ego femminile. Tale mutazione lo porterà a sottoporsi ad un duro intervento per diventare donna in una clinica di Dresda. Nel 1930 il dr. Kurt Warnekros lo sottoporrà a due operazioni ma Wegener - Lili Elbe morirà subito dopo il secondo intervento.

uomini rispetto a quella fra due donne. L'atto sessuale della penetrazione anale fra uomini è vissuta come una violazione di ogni codice morale. Una sorta di impoverimento della virilità maschile. Nella storia romana: «Un uomo romano libero (inteso come il classico civis Romanus) deve essere sempre il "dominatore" a letto. Farà sesso con partner di qualunque tipo (uomini o donne) solo se considerati socialmente "inferiori": una donna, una schiava, un giovane schiavo [...] Essere gay non è un problema per i romani (...) è accettato che un cittadino romano, se lo vuole, trovi la bellezza e piacere tanto nel corpo dell'uomo quanto in quello della donna. Ma a una condizione essenziale. Che se va a letto con un altro uomo abbia la parte "attiva", diciamo così, e non "passiva"(...) Gli uomini romani cui piaceva avere questo ruolo venivano chiamati con disprezzo cinaedus o pathicus. Avevano persino uno status legale diverso, come le prostitute, i gladiatori e gli attori: cioè non potevano votare e non potevano rappresentare se stessi in un processo»[70].

Questa breve regressione in epoca romana sta a significare che quando si parla di omosessualità ancora oggi, ci si sofferma solo ed esclusivamente sull'atto sessuale e non si analizza mai l'orientamento sentimentale. È come se per gli omosessuali sparisse il sentimento per far posto solamente al sesso. Un modo di fare che però agli eterosessuali non si riserva quasi mai. Il romanticismo e l'amore per taluni individui è una questione di pertinenza esclusiva dell' eterosessualità. Pazzesco!

---

[70] A. Angela., *Una giornata nell'Antica Roma. Vita quotidiana, segreti e curiosità*, Mondadori, Milano 2007, pp. 317,322-323.

Calcio e omofobia

Il mondo del calcio, e dello sport in generale, è intriso di omofobia. Sono molti gli episodi che si sono scatenati in campo e sugli spalti. Ricordiamo l'inglese Justin Fashanu che fu il primo giocatore di calcio a dichiararsi omosessuale. Fashanu morirà suicida nel 1998. Indubbiamente era idolatrato dai suoi tifosi prima che la sua omosessualità diventasse il motivo principale per abbandonarlo al suo destino da "reietto". Le derisioni che continuava a subìre erano feroci: «Sei grosso, sei nero, fatti toccare il culo»[71]. Non si arrese e raccontò la sua storia al *Sun* nel 1990. Fashanu restò da solo nella sua lotta all'omofobia. Il fratello rivelò che il coming out di Justin fu come una bomba di Hiroshima per la sua famiglia di origine. Prima di uccidersi Justin lasciò scritto di non voler più imbarazzare la sua famiglia e i propri amici. La nipote Amal ha raccontato: «Era un uomo spiritoso, se incontrava un senzatetto gli lasciava tutti i soldi che aveva in tasca, era la luce di ogni stanza in cui entrava. Ma era omosessuale, era nero, era religioso e faceva il calciatore, immagini lei il coraggio che ha avuto per andare a dire a un giornale: "Sono gay". E non lo ha fatto per una battaglia politica, lo ha fatto perché era stanco di vivere una bugia»[72].

Graeme Le Saux ha giocato nel Chelsea ed era considerato una vera promessa del calcio. Negli anni Novanta era irriso negli spogliatoi perché etichettato

---

[71] F. Cotugno., *Non dite: «In campo è così»* in *Vanity Fair* n. 4 del 3 febbraio 2016, p. 26.
[72] Ibidem.

come gay. Ben presto anche i media e gli show televisivi iniziarono a prenderlo in giro. Però Le Saux non era omosessuale ed ha scritto nella sua biografia di essere diventato il capro espiatorio del calcio inglese. Ha dichiarato: «Siccome avevo interessi diversi, siccome non mi sentivo a mio agio nella cameratesca e machista cultura dell'alcol che era dominante nel calcio inglese di fine anni 80, fu dato per scontato dai miei compagni di squadra che in me c'era qualcosa di sbagliato. Ne seguì, naturalmente, che dovevo essere gay (...) Tutto quello che facevo veniva usato come prova che fossi omosessuale: come mi vestivo, la musica che ascoltavo, il fatto che andassi alle mostre, i giornali che leggevo, erano tutti indizi che andavano a confermare il loro pregiudizio sulla mia sessualità»[73].

A queste testimonianze si unisce un episodio increscioso accaduto il 19 gennaio 2016 dopo la partita di Napoli-Inter. L'allenatore del Napoli, Sarri, ha dato del "frocio" all'allenatore dell'Inter, Mancini. Quest'ultimo in conferenza stampa ha rotto il tabù omertoso degli spogliatoi e ha raccontato tutto dicendo: « (Sarri ndr) È un razzista, ha 60 anni, si deve vergognare. Non dovrebbe stare nel calcio, altrimenti non cresceremo mai. Uno così in Inghilterra non lo farebbero allenare più». Sarri ha risposto: «È un litigio di campo, lì doveva rimanere. Non ricordo cosa ho detto, gli ho chiesto scusa. Mi dispiace per aver offeso gli omosessuali, la mia storia personale dice che non sono omofobo»[74]. Però la sua storia personale, invece, racconta tutt'altro. Quando era

---

[73] http://www.ilpost.it/giovannifontana/2016/01/22/omofobia-e-calcio-la-storia-di-graeme-le-saux/
[74] http://www.lettera43.it/fatti/omofobia-nel-calcio-i-casi-piu-eclatanti_43675230801.htm

all'Empoli disse: «Il calcio è diventato uno sport per froci. Abbiamo subìto il doppio dei falli, ma abbiamo avuto più gialli noi. È uno sport di contatto e in Italia si fischia molto di più che in Inghilterra con interpretazione da omosessuali»[75]. Ma il mondo del calcio ha diversi aneddoti legati a questa profonda omofobia radicata e interiorizzata negli spogliatoi. Quando il giornalista e conduttore Alessandro Cecchi Paone raccontò che nella nazionale guidata allora dal ct Prandelli vi erano calciatori gay Antonio Cassano rispose: «Ci sono froci in nazionale? Se dico quello che penso sai che cosa viene fuori... Sono froci, problemi loro, speriamo che non ci siano veramente in nazionale. Me la cavo così, sennò sai gli attacchi da tutte le parti»[76]. Per queste offese venne multato dalla Uefa. Il presidente della lega calcio dilettanti Felice Belloli in merito ai finanziamenti al calcio femminile ha dichiarato: «Basta! Non si può sempre parlare di dare soldi a queste quattro lesbiche»[77]. Questi sono solo alcuni episodi ma ovviamente non si esauriscono qui. L'unico commissario tecnico della nazionale italiana ad aver lottato attivamente contro la discriminazione e l'omofobia è stato Cesare Prandelli: «L'omofobia è razzismo, è indispensabile fare un passo ulteriore per tutelare tutti gli aspetti dell'autodeterminazione degli individui, sportivi compresi... Nel mondo del calcio e dello sport - continua l'allenatore azzurro- resiste ancora il tabù nei confronti dell'omosessualità, mentre ognuno deve vivere liberamente sè stesso, i propri desideri e i propri

---

[75] http://www.panorama.it/sport/calcio/sarri-mancini-omofobia-gay-frasi-gaffe/
[76] Ibidem.
[77] Ibidem.

sentimenti. Dobbiamo tutti impegnarci per una cultura dello sport che rispetti l'individuo in ogni manifestazione della sua verità e della sua libertà»[78]. In altri sport come il basket, ad esempio, ci sono state manifestazioni attive per solidarizzare con le vittime di omofobia. I giocatori di basket italiani hanno posato per un calendario per sensibilizzare i tifosi su tale argomento[79]. L'unico campione italiano ad aver preso parte ad uno spot internazionale contro l'omofobia è stato Alessandro Del Piero. Pinturicchio rappresentava una squadra australiana, ai tempi giocava nel Sydney FC, mentre nel video ci sono anche molti altri sportivi come Mitchell Johnson (cricket), Paul Gallen (rugby), Harry Kewell (calcio) etc[80]. Occorrono adesso esempi concreti di lotta all'omofobia anche da parte del calcio italiano. Dobbiamo considerare che gran parte dei ragazzi si forma proprio nelle scuole di calcio e nei campetti vicino casa. Il calcio deve quindi adempiere alla sua funzione primaria di educazione del corpo ma ancor di più dei giovani intelletti.

---

[78]
http://www.repubblica.it/sport/calcio/nazionale/2012/04/24/news/gay_calcio-33852002/
[79] http://www.gay.tv/foto/calendari-2015-i-giocatori-di-basket-contro-l-omofobia_10319_9.html
[80] http://www.mariomieli.net/alessandro-del-piero-copntro-lomofobia-nello-sport.html

Corte suprema americana e matrimoni gay

Nel giugno del 2015 la Corte Suprema americana ha sancito con cinque voti favorevoli e quattro contrari che il matrimonio è un diritto costituzionale assicurato anche alle coppie dello stesso sesso. Tale legge adesso vale in tutti i cinquanta stati che compono gli Usa. Il presidente Barack Obama ha twittato subito dopo aver appreso la notizia: «L'amore vince». Nei suoi otto anni di presidenza Obama ha auspicato piena parità di diritti per la comunità Lgbt chiamandoli nel suo secondo discorso d'insediamento «fratelli e sorelle». Ha detto inoltre: «Ora è compito della nostra generazione portare avanti ciò che quei pionieri hanno cominciato. Perché il nostro viaggio non sarà concluso finché le nostre mogli, madri e figlie non possano guadagnarsi da vivere proporzionalmente ai loro sforzi. Il nostro viaggio non sarà concluso finché i nostri fratelli e sorelle omosessuali non saranno trattati come chiunque altro davanti alla legge perché, se siamo stati creati uguali, anche l'amore con cui ci leghiamo l'uno all'altro dovrà essere altrettanto uguale». Inoltre nel marzo del 2015 Obama, ha voluto ripercorrere la marcia su Selma, proprio come fece cinquant'anni prima Martin Luther King, per dimostrare la sua solidarietà alle vittime del razzismo e dell'odio razziale. In quell'occasione ha detto che la lotta per i diritti non è ancora finita: «Chiedi al tuo amico gay se è più facile fare coming out oggi che trent'anni fa. Negare questo progresso guadagnato duramente sarebbe come rubarci l'identità, la nostra capacità: abbiamo la responsabilità per fare tutto quello che possiamo perché gli Stati Uniti siano migliori... Noi siamo gli statunitensi omosessuali il cui sangue scorreva per le strade di San Francisco e New York, come il sangue che è stato versato su questo ponte»[81]. È indubbio che Obama è stato il primo presidente americano a lottare per i diritti civili: «L'impegno in nome della libertà personale spaziava in diversi campi. Quando, nel giugno 2015, la Corte suprema emetteva la sentenza che considerava un diritto costituzionale il matrimonio gay, Obama lo approvava senza condizioni: "È una vittoria per l'America, una decisione fulmine, da oggi la nostra unione nazionale è più perfetta". E aggiungeva che era stato compiuto "un grande passo nella marcia verso l'uguaglianza. Le coppie gay e lesbiche ora hanno il diritto di sposarsi come qualsiasi altra persona»[82].

---

[81] http://www.queerblog.it/post/159690/obama-a-selma-ricorda-anche-i-diritti-gay
[82] M. Teodori., *Obama il grande*, Marsilio, Venezia 2016, p. 53.

Italia e unioni civili

Il 26 febbraio del 2016 il Senato italiano ha approvato con 173 voti favorevoli il disegno di legge sulle unioni civili voluto dalla senatrice del partito democratico Monica Cirinnà. La legge in questione disciplina, per l'appunto, le norme sulle unioni civili e quindi anche delle coppie omosessuali. Rispetto alla prima proposta di legge il testo approvato è stato privato della contestata stepchild adoption, ovvero la possibilità di adottare per una coppia omosessuale il figlio naturale del partner. Altra norma contestata è stata proprio l'aver tolto l'obbligo di fedeltà per le sole coppie dello stesso sesso. Nel codice civile che regola il matrimonio la fedeltà dei coniugi è invece menzionata. A maggio del 2016 il ddl Cirinnà approdato per il voto finale alla Camera con 372 voti favorevoli e 51 contrari è diventata legge effettiva dello Stato Italiano. Una legge storica se pensiamo agli anni che ci son voluti per farla, e ai diversi richiami della Commissione Europea a legiferare urgentemente in tema di unioni civili. Il 20 maggio il Presidente della Repubblica ha firmato la legge ed è stato ringraziato da Monica Cirinnà così: «La firma del presidente della Repubblica è per l'Italia una svolta storica sul fronte dei diritti. Ringrazio Mattarella per la sollecitudine con la quale ha voluto adempiere a questo atto, rispondendo così anche alle sollecitazioni della Corte europea e alle osservazioni della Corte costituzionale per dare prontamente anche al nostro Paese una legislazione non discriminatoria nei confronti delle coppie dello stesso sesso»[83]. La legge è in

---

[83]http://www.repubblica.it/politica/2016/05/20/news/unioni_civili
_mattarella_ha_firmato_la_legge-140235722/

vigore dal 5 giugno 2016. Ovviamente tale legge ha avuto strascichi polemici davvero grotteschi, soprattutto da quelle ale estremiste e di stampo fascista che hanno tuonato contro. Sono scesi in campo organizzando vari Family day patrocinati da persone contrarie ad estendere i diritti alle coppie omosessuali con la benedizione delle alte sfere del Vaticano ma non del papa che non ha proferito parola (né a favore né contro). Si può non apprezzare o criticare l'operato di Matteo Renzi ma fino ad oggi è stato l'unico premier italiano ad aver ottenuto una legge per tutelare i diritti delle coppie dello stesso sesso e non. David Mixner, leader americano della lotta per i diritti degli omosessuali, ha detto: «Per questo mi ha sorpreso che Renzi su questo tema si sia speso così tanto da minacciare di far cadere il suo governo. È un buon segno, anche se sarà una lunga battaglia»[84].

In sostanza i diritti e doveri delle coppie sono simili al matrimonio ad eccezione dell'adozione per le coppie omosessuali, mentre le coppie etero potranno usufruirne. La legge prevede, tra l'altro, la reversibilità della pensione, obbligo di vivere insieme[85]. Ovviamente in molti non hanno gradito questa legge definendola discriminatoria in quanto, come dicevamo, non solo non permette l'adozione del figlio naturale del proprio compagno o compagna ma non prevede nemmeno l'obbligo di fedeltà. Alla vigilia della prima votazione favorevole in Senato *Vanity Fair* ha raccolto diverse opinioni pro e contro. Per l'occasione Daria Bignardi ha scritto: «Quando la legge Cirinnà passerà alla Camera, le

---

[84] M. De Martino., *Volevamo essere serviti al ristorante* in *Vanity Fair* n. 12 del 30 marzo 2016, p. 118.
[85] http://espresso.repubblica.it/attualita/2016/05/10/news/cosa-prevede-il-testo-delle-unioni-civili-1.264750

coppie omosessuali italiane entreranno finalmente nella legalità. I loro diritti saranno riconosciuti e tutelati: quasi tutti, certo, e io capisco la delusione di Paola (amica di Bignardi ndr), la proverei anch'io se questa legge mi riguardasse personalmente. Ma un brindisi veloce, come dice l'amico pisano, io l'ho fatto, in attesa di festeggiare per davvero, in grande»[86]. Anche se la legge non è perfetta sicuramente è meglio averne una da migliorare che non averne nessuna. Ogni legge può essere perfezionata ma l'importante è che questa esista per essere superata e aggiornata. Pertanto va elogiata la tenacia del governo Renzi per essere andato fino in fondo in questa battaglia.

---

[86] D. Bignardi., *Un veloce brindisi l'ho fatto* in *Vanity Fair* n. 9 del 9 marzo 2016, p. 50.

Il perdono dei russi alle celebrità gay

In Russia dove i diritti della comunità Lgbt sono messi a dura prova è uscito un articolo dal titolo *I gay che noi rispettiamo* pubblicato su *Maxim* Russia. In questa rivista si trova una lista con dieci nominativi di omosessuali che loro in qualche modo "perdonano" e sono: Alan Turing, Gram Chapman, Neil Patrick Harris, Chuck Palahniuk, Jean Marais, Freddie Mercury, Oscar Wilde, Stephen Fry, Rob Halford, Ian McKellen. Come scrive Carlo G. Gabardini: «E le donne? Le lesbiche che perdonate ce le dite settimana prossima o non ne perdonate nemmeno una o pensate che non esistano? Verrebbe poi da dire: e Caravaggio, la Yourcenar, Parmenide, Marina Cvetaeva, Ellen Page, Martina Navratilova, Sergej Esenin, Pier Paolo Pasolini, Tim Cook, Alessandro Magno?...Io non ho nulla da farmi perdonare, perché la mia omosessualità non è una colpa e non lo sarebbe nemmeno se facessi il pizzaiolo o fossi un grigio burocrate del Cremlino, all'anagrafe Andrej Coimaskij. No, piccoli ominicchi, non vi salverete con dei distinguo: il pacchetto o si accetta tutto o non si accetta proprio, perché sto fatto di essere forti coi deboli e deboli coi forti, ovvero proni alle star riconosciute a livello planetario, è inaccettabile»[87].

---

[87] C. G. Gabardini., *Omofobi russi (e italiani), mollate il computer* in *Vanity Fair* n. 48 del 9 dicembre 2015, p. 56.

Oltre

«Il ventunesimo secolo si è aperto con un profondo mutamento dell'azione condotta dal movimento gay e lesbico. Essa risponde all'intenzione di dare dell'omosessuale un'immagine per così dire più "domestica", meno aggressiva e rivoluzionaria. L'obiettivo è quello dell'inclusione del gay e della lesbica, della piena integrazione all'interno di una società che non esclude, ma che è in grado di cogliere nella diversità in genere e in quella omosessuale, in questo caso, motivi ed elementi di arricchimento»[88].

Perché questo accada si dovrà smettere di considerare la parola gay come un'arma da utilizzare per offendere qualcuno. Gli stessi giornaletti scandalistici cercano di offuscare la carriera di un attore o cantante rivelando presunte relazioni omosessuali. In America dare del gay a qualcuno non è più punibile come offesa, in Italia ancora sì. Bisogna avere il coraggio d'indignarsi per queste idiozie. Il 28 giugno 1969 in un locale del Greenwich Village di New York lo *Stonewall Inn*, frequentato principalmente da persone gay, irruppe la polizia[89]. Tale atto di violenza vide la polizia prendere d'assalto il locale con falsi pretesti per arrestarli e portarli in centrale. Da quella brutale aggressione ai diritti individuali nacque il movimento per l'uguaglianza delle persone gay, lesbiche e transessuali. Un movimento prima nato in clandestinità e poi portato con coraggio alla luce del sole. Per ricordare quanto accadde nell'adiacente parco di Christopher Street

---

[88] M. Frana., *Filosofia di genere. Un libro per la cura dell'omofobia*, Edizioni Libreria Croce, Roma 2009, p.73.
[89] Si consiglia la visione dei seguenti film: *Stonewall* di Nigel Finch (1995) e *Stonewall* di Roland Emmerich (2016)

l'artista George Segal realizzò delle statue per omaggiare le donne e gli uomini che lottarono per l'affermazione dei propri diritti (vedi copertina libro). Non bisogna far finta di non vedere, ma, come nel caso della violenza sulle donne, combattere uniti per un mondo più giusto che garantisca diritti ad ogni suo componente senza discriminazioni di sesso, razza, lingua o religione. Non esistono diritti che riguardano sole le donne o gli omosessuali, ma diritti universali.

Infine permettetemi di ricordare alcuni nomi che con la loro testimonianza e addirittura con la loro vita hanno risvegliato il mondo da un torpore morale riguardo la questione gay: Harvey Milk (primo politico americano apertamente gay ucciso da un omofobo), Simone D. suicidatosi a 21 anni, Roberto e Marco che si sono tolti la vita a soli 14 anni, Matthew Shepard, Alfredo Ormando datosi fuoco a piazza San Pietro e molti altri ancora i cui nomi mi sfuggono.

Canzoni contro l'omofobia e la violenza sulle donne

Francesca Michielin *Nessun grado di separazione (2016)*

Spesso leggiamo distrattamente nei giornali riferimenti alla teoria dei sei gradi di separazione. In poche parole ciascuno di noi può essere collegato ad ogni persona nel mondo grazie a una relazione di solo cinque individui. Teoria portata avanti dal sociologo americano Stanley Milgram che elaborò, per l'appunto, la teoria del mondo piccolo. A prescindere dalla possibilità di conoscere cinque persone che possono davvero metterci in contatto con, ad esempio, Obama la canzone di Francesca Michielin *Nessun grado di separazione* affronta una tematica ancora più importante.

"È la prima volta che mi capita
Prima mi chiudevo in una scatola
Sempre un po' distante dalle cose della vita
Perché così profondamente non l'avevo mai sentita
E poi ho sentito un'emozione accendersi veloce
E farsi strada nel mio petto senza spegnere la voce
E non sentire più tensione solo vita dentro di me
Nessun grado di separazione
Nessun tipo di esitazione
Non c'è più nessuna divisione tra di noi
Siamo una sola direzione in questo universo
Che si muove
Non c'è nessun grado di separazione
Davo meno spazio al cuore e più alla mente
Sempre un passo indietro
E l'anima in allerta
E guardavo il mondo da una porta
Mai completamente aperta

E non da vicino
E no non c'è alcuna esitazione
Finalmente dentro di me
Nessun grado di separazione
Nessun tipo di esitazione
Non c'è più nessuna divisione tra di noi
Siamo una sola direzione in questo universo
Che si muove
Nessun grado di separazione
Nessuna divisione
Nessun grado di separazione
Nessun tipo di esitazione
Non c'è più nessuna divisione tra di noi
Nessuna esitazione
Siamo una sola direzione in questo universo
Che si muove
E poi ho sentito un'emozione accendersi veloce
E farsi strada nel mio petto senza spegnere la voce".

La canzone portata da Francesca Michielin sul palco di Sanremo 2016 è stata scritta da Cheope - F. Abbate - F. Michielin - F. Gargiulo. Il testo parla del senso di isolamento che l'uomo contemporaneo vive nella sua quotidianità. Siamo sempre più collegati con il mondo ma sconnessi con la realtà che ci circonda. Crediamo di sapere tutto perché ci basta collegarci ad internet e operare una ricerca, oppure assistere ad una diretta tv o in streaming. Purtroppo il mondo è fatto di pulsione reali e di emozioni che talvolta riescono a, passatemi il termine, bucare lo schermo. Ci accorgiamo, dopo tanta sordità, di quella voce che parla all'interno di ognuno di noi e che rappresenta la nostra umanità, o come scrisse Adam Smith l'uomo o la donna interiore. Capire che non esistono gradi di separazione fra noi esseri umani è importante anche per la finalità di questo saggio. Bisogna comprendere che una ferita inferta al corpo di una donna o a una persona gay è un colpo dato a noi stessi. Un corpo che è unico perché collegato con ogni altro essere umano. Vi confesso che scrivere questo saggio mi è sembrato quasi un controsenso, in quanto sia le donne che gli omosessuali fanno parte di un'unica storia, quella dell'umanità, e non di mondi separati e avulsi dalla realtà che viviamo tutti i giorni. Però questo non accade. Esistono ancora disparità e violenza e di conseguenza non esistono alibi e scusanti di alcun tipo per tollerare questi soprusi. Siamo tutti messi in relazione non in base a cinque o più persone, ma dalla nostra irriducibile voglia di esistere. Sembra ancora oggi assurdo citare il monologo di Skylock nel *Mercante di Venezia* di Shakespeare ma non è così: «Ma un ebreo non ha occhi? Un ebreo non ha mani, organi, misure, sensi, affetti, passioni, non mangia lo stesso cibo, non viene ferito con le stesse armi, non è soggetto agli stessi disastri, non guarisce allo stesso modo, non sente caldo o freddo nelle stesse estati e inverni allo stesso modo di un cristiano? Se ci ferite noi non sanguiniamo? Se ci solleticate, noi non ridiamo? Se ci avvelenate noi non moriamo?». Se sostituiamo il soggetto "ebreo" con donna o omosessuale il risultato con cambia. Ho sempre detestato la parola diversità, perché la si utilizza per definire quasi sempre una persona con un orientamento sentimentale non eterosessuale. Fino a quando gli omosessuali si avvertiranno e si definiranno diversi saranno, ahimè, considerati come tali. Si deve necessariamente rifiutare l'ideologia dell'autoinganno a cui da molto tempo il genere umano presta attenzione. Tutti noi siamo, allo stesso tempo, uguali e diversi. Anche tu lettrice o lettore sei un essere umano come me, ma abbiamo idee differenti. Però il condividere lo stesso spazio terrestre, la nostra consapevolezza di essere straordinari, per citare le teorie di Wayne Dyer e Eckhart Tolle, dovrebbero farci capire che non esistono gradi di separazione fra di noi. *Siamo una sola direzione in questo universo che si muove.* Dice Tolle: «Quindi non solo influenzi quelli che vengono in contatto con te. Influenzi la collettività, il sottostante campo collettivo di coscienza umana. Perciò sono sicuro che influenzi molti altri che non hai mai incontrato, perché tutta la coscienza umana è interconnessa. La coscienza di ogni individuo, a un livello più profondo, fa parte della coscienza collettiva dell'umanità»[90]. Questa interconnessione universale dovrebbe spingerci a responsabillizzare le nostre azioni che si ripercuotono su chi ci sta vicino. Diceva Isaac Bashevis Singer: «L'uomo ha ricordi, rimorsi e rancori che si accumulano dentro di lui come strati di polvere finché gli impediscono di ricevere la luce e la vita che discende dal cielo. Il creato, invece, si rinnova costantemente». La fonte primigenia da cui la vita scaturisce è l'Amore inteso non in senso sessuato ma come consapevolezza di poter abbracciare il mondo e contagiarlo positivamente. Martin Luther King predicavache l'oscurità può essere combattuta solo dalla luce. La canzone di Francesca Michielin ci aiuta nella discussione della lotta attiva contro la violenza sulle donne e l'omofobia. Bisognerebbe mettere da parte il nostro piccolo e ottuso ego per abbracciare l'Altro nella sua completezza. Diceva Tagore: «Sono uscito solo sulla

[90] W. Dyer, E. Tolle., *L'importanza di essere straordinari*, Il Punto d'Incontro, Vicenza 2015, p. 3.

mia strada verso il mio appuntamento. Ma chi è questo me nell'oscurità? Mi sono fatto da parte per evitare la sua presenza, ma non sono riuscito a eluderlo. Lui solleva la polvere della terra con la sua andatura spavalda e aggiunge la sua voce stentorea a ogni parola che sussurro. È il mio piccolo me, il mio signore, che non conosce vergogna, ma io mi vergogno di venire alla Tua porta in sua compagnia». Il nostro ego si nutre di atavici pregiudizi da cui trae vigore e nutrimento. La metafora della scatola utilizzata nella canzone rende bene l'idea di rifugio nelle convinzioni più errate. Ma dalla scatola si può sempre uscire per ritornare al mondo a cui apparteniamo.

Elton John *American Triangle* (2001)

Il 7 ottobre del 1988 a Fort Collins (Colorado), Matthew Shepard, un giovane studente americano di ventun anni, venne prima derubato e poi torturato e picchiato a morte da due individui conosciuti in un bar a cui la vittima aveva chiesto un semplice passaggio per tornare a casa. La recrudiscenza con cui Aaron James McKinney e Russell Arthur Henderson uccisero Shepard non ha nulla di umano, o forse racchiude tutta la malvagità della nostra specie. Legarono ad una staccionata il povero Matthew, lasciandolo sanguinante e gravemente ferito. Solamente dopo 18 ore un ciclista lo soccorrerà portandolo in ospedale dove a causa delle gravissime ferite morirà il 12 ottobre. Il referto medico descrive il volto di Matthew totalmente insanguinato ad eccezione della zona dove le sue lacrime avevano lavato i fiotti di sangue. Perché queste belve inferocite si accanirono selvaggiamente su Shepard? Perché Matthew era omosessuale! Gli stessi assassini dichiarono in aula di averlo fatto perché disgustati dall'omosessualità di Matthew. La loro omofobia li aveva spinti all'assassinio di un essere umano solamente perché altro da loro. In breve tempo Matthew divenne il simbolo della lotta all'omofobia in tutto il mondo. Elton John nel 2001 pubblica l'album *Songs from the west coast* dove al suo interno dedica una canzone alla triste vicenda di Matthew Shepard nel pezzo *American triangle* (*Il Triangolo americano*) con testo di Bernie Taupin.

"*L'ho visto giocare nel suo cortile*
un ragazzo proprio agli inizi

quanta storia in questo paesaggio
quanta confusione, quanti dubbi

Ero lì a bere su quel portico davanti
giovani arrabbiati, violenti e stupidi
sembra un quadro, quel cielo blu
Dio odia i finocchi nel paese da dove veniamo

"Cieli dell'Ovest" non mette ordine alle cose
"Patria degli audaci" non ha senso
ho visto uno spaventapasseri legato con fil di ferro
lasciato lì a morire su un alto steccato
è un vento freddo, freddo
è un vento freddo, freddo
è un vento freddo che soffia, Wyoming

vedo due coyote accerchiare un cervo
odio ciò che non comprendiamo
voi pionieri ci date i vostri figli
ma è il vostro sangue che sporca le loro mani
da qualche parte quella strada si biforca
verso l'ignoranza e l'innocenza
Tre vite alla deriva su venti diversi
due vite rovinate, una volta che la vita è passata via".

Lo splendido testo della canzone di Elton John evoca il tetro scenario dove il corpo di Matthew è paragonato ad uno spaventapasseri legato con fil di ferro. Il corpo di Shepard sanguinante e moribondo è ridotto come un fantaccio di paglia. I suoi assassini avevano infierito sulla sua "diversità" devastandone il corpo e l'anima. Questo accade perché l'omofobia insita anche nelle società più evolute spinge in modo sottile verso una forma di

razzismo che può portare individui già predisposti alla violenza ad atti estremi come l'uccisione di chi si considera una minaccia alla propria "normalità". Nel testo si legge:
"Ma è il vostro sangue che sporca le loro mani
da qualche parte quella strada si biforca
verso l'ignoranza e l'innocenza".
La vita di Matthew non sarebbe stata stroncata se sin da piccoli la società dove crebbero i suoi assassini non avesse alimentato subdolamente l'odio verso l'orientamento sessuale dei propri simili. Questi principi assolutistici si ammantano spesso di buone intenzioni trasformandoli in precetti religiosi o in convinzioni di stampo etico-dottrinale: "Dio odia i finocchi nel paese da dove veniamo".
In tal modo i credenti con scarsa cultura e senso morale intendono motivare la loro rabbia nei confronti degli omosessuali, citando a caso, episodi biblici che isolati dal contesto storico in cui furono creati non valgono nulla o signicano ben poco.
La storia di Shepard si svolge proprio nel Wyoming, lo stesso scenario in cui la scrittrice Annie Proulx ha ambientato i suoi racconti *Gente del Wyoming* del 1997.
«Non parlarono mai della cosa, lasciavano che accadesse, dapprima solo nella tenda di notte, poi in pieno giorno con il sole caldo che picchiava, e la sera nel bagliore del fuoco: spiccia, rude, con risate e grugniti, i rumori non mancavano, ma senza mai farne mezza parola salvo una volta che Ennis disse: "Mica sono finocchio" e Jack subito: "Neanch'io. Mai capitato prima. Riguarda solo noi"»[91].

---

[91] A. Proulx., *Distanza ravvicinata*, Dalai Editore, Milano 2003, p. 37.

Proprio da questo libro il regista Ang Lee ha tratto ispirazione per girare nel 2005 il film pluripremiato *I segreti di Brokeback Mountain*, magnifico ritratto di una storia d'amore tormentata tra due giovani cowboy.

Come possiamo leggere nel libro *L'amore è la cura*, Sir Elton John scrive: «...negli anni ottanta, avrei potuto dare anch'io il mio contributo nelle prime fasi della lotta al morbo (Aids ndr). Ero una star di prima grandezza. Avevo un mucchio di soldi e amici influenti. Ero gay. A volte, scherzando, mi definisco il volto accettabile dell'omosessualità, un tipo dall'aspetto normale e tutt'altro che minaccioso, uno che vostra madre ospiterebbe a cena senza patemi»[92].

In queste riflessioni dell'artista inglese si mette in risalto il pregiudizio che regna da sempre sull'omosessuale, cioè per essere accettato dalla società un individuo gay deve essere considerato "normale", con una visibilità regolare, insomma che non sia una macchietta stereotipata come quella osservata spesso in tv o al cinema. Stereotipi reiterati e fissati con retrograda ignoranza nell'immaginario collettivo. Davanti alle inutili immagini create per seminare odio, mi viene in mente il corpo di Matthew, un cervo impaurito accerchiato da due coyote, sfinito e sbranato dalla famelica idiozia umana. Davanti a Matthew Shepard e alle altre vittime dell'omofobia, dell'odio razziale, sessuale, religioso non possono esserci dubbi; occorre combattere ed estirpare alla radice ogni forma discriminatoria insita nelle culture dei paesi più evoluti. Soltanto così non si dovranno piangere altri martiri come Matthew Shepard.

---

[92] E. John., *L'Amore è la cura*, Bompiani, Milano 2012, p. 53.

Madonna *What it feels like for a girl* (2000)

In *What it feels like for a girl* contenuta nell'album *Music* Madonna racconta le conquiste delle donne nella società contemporanea, e le squallide etichette rimaste ancora appiccicate alle loro vite nonostante le numerose vittorie e i traguardi raggiunti. Il testo tocca ed elenca gran parte degli stereotipi maschili sulle donne descrivendole sempre come persone dedite esclusivamente all' apparenza. Tocca sempre alle donne stare attente ai propri comportamenti perché se considerate troppo disinvolte o disinibite il passo verso l'emarginazione sociale è molto breve. Inoltre il testo affronta un tema molto importante. Diamo per scontato che una donna desideri ardentemente assomigliare ad un uomo, perchè crediamo che essere maschi sia un grande privilegio, ma se accadesse il contrario, cioè che un ragazzo desideri accostarsi all'universo femminile, ciò risulterebbe sconveniente nonché fonte di totale imbarazzo. Perché accade questo?! In verità cosa sappiamo noi uomini di cosa significa essere una donna?!"

"Le ragazze possono portare jeans
e tagliare corti i loro capelli
portare camicie e stivali
perché è ok assomigliare ad un ragazzo
ma per un ragazzo vestirsi come una ragazza è
degradante
perché pensi che essere una ragazza sia degradante
ma segretamente ti piacerebbe sapere com'è

ma non puoi sapere
quello che si prova ad essere una ragazza
pelle liscia come seta
labbra come dolci, come caramelle, baby
blue jeans stretti
pelle mostrata a tratti
forte dentro ma tu non lo sai
le brave ragazze non le danno mai a vedere
quando apri loro la bocca per parlare
puoi essere un po' debole
sai quello che si prova ad essere una ragazza?
vuoi sapere quello che prova in questo mondo
una ragazza?
Capelli che girano fra le punte delle dita così
teneramente, baby
mani che si appoggiano sullo sporgere dei fianchi
difetto questo da non mostrare e
lacrime che cadono quando nessuno lo sa
quando tu stavi cercando duramente di essere il suo
bene
Puoi non esserlo abbastanza
sai quello che si prova ad essere una ragazza?
Vuoi sapere quello che prova in questo mondo
una ragazza?
Sai quello che si prova ad essere una ragazza?
Vuoi sapere quello che prova in questo mondo
una ragazza?
Forte dentro ma tu non lo sai
le brave ragazze non lo danno mai a vedere
quando apri loro la bocca per parlare
puoi essere un po' debole
sai quello che si prova ad essere una ragazza?

Vuoi sapere quello che prova in questo mondo una ragazza? ".

Madonna può essere considerata a tutti gli effetti un modello di emancipazione femminile per milioni di donne nel mondo. I suoi testi espliciti e i numerosi cambi di look hanno rafforzato nell'immaginario collettivo la sua immagine di donna forte e indipendente. Sin dall'inizio della sua carriera artistica lady Ciccone (al secolo Madonna Louise Veronica Ciccone) ha osato chiamarsi con il nome della madre di Gesù scandalizzando i benpensanti cristiani e cattolici. Ho un ricordo abbastanza nitido e risale alla mia adolescenza. Era il 1993 e proprio durante la festività di Sant'Agata (patrona della città di Catania), un sacerdote parlò di una cantante americana che a suo dire deturpava e offendeva l'immagine della madre di Gesù. Nel 1992 Madonna aveva dato alle stampe *Erotica*, un album che aveva profondamente scandalizzato l'America perbenista e bigotta e nientepopodimeno che le autorità religiose. Eppure era già noto a molti che Madonna, oltre ad essere il suo primo nome, era quello della madre morta in giovane età. Quindi all'inizio nessun tentativo di blasfemia era insito in questa ragazza americana che tentava di farsi strada nel mondo dello show business.

«Quando entrai nell'industria discografica tutti pensarono che lo avessi preso come nome d'arte. Perciò glielo lasciai pensare - lo trovo affascinante».

Bisogna rilevare che nel Medioevo le signore sposate si chiamavano "madonna" o più semplicemte "monna" come ad esempio il celebre dipinto di Leonardo Da Vinci "Monna Lisa"; e nessuno all'epoca riteneva ciò blasfemo o inaccettabile. In un'intervista rilasciata da Madonna al giornale italiano *Tempi moderni* le fu chiesto: «Il chiamarsi Madonna non incide sul tipo di scandali che l'accompagnano?» e lei rispose: «Solo in Italia, altrove, il mio nome non ha le stesse implicazioni che ha in questo paese».

Certamente Madonna fu da sempre attratta dal fenomeno religioso e ancor più dalla spinta spirituale insita in ciascuno di noi. La sua famiglia di appartenenza era cattolica praticante e quindi l' adolescenza della regina del pop fu scandita dai soliti rituali cattolici come comunione e cresima. Cantare *Like a virgin* deve essere stata una grande sfida per Madonna, la quale sapeva benissimo che l'ambiente bigotto e oltranzista americano vedeva nella verginità il fiore all'occhiello di un matrimonio in perfetto "american style".

Inoltre secondo quanto scritto nel libro autobiografico del fratello di Madonna Christopher Ciccone: *«Nostro padre è un cattolico che va in chiesa ogni domenica e collabora con sollecitudine alle attività ecclesiastiche. Se diciamo parolacce o facciamo dei commenti volgari ci trascina in bagno e ci costringe a tirar fuori la lingua. Quindi prende una saponetta e ce la strofina sopra. Solo quando abbiamo la bocca piena di schiuma ci permette di sciacquarcela e poi sputare»(Mia sorella Madonna).* Questo tipo di educazione religiosa ricevuta, ci fa comprendere il desiderio di Madonna di ricercare il rapporto con Dio, al di fuori delle confessioni religiose preposte al culto. Infatti, nel documentario *I'm Going to Tell You a Secret* spiegherà che le religioni creano frammentazioni fra gli esseri umani e, a tal proposito, farà indossare ai suoi ballerini gli abiti religiosi di quasi ogni rappresentanza confessionale per simboleggiare le varie tipologie di culto. In effetti, la religione tende a porre dei distinguo nella vita di ogni uomo; da tale situazione si tende molto spesso a far scaturire delle incomprensioni che possono generare violenze inaudite e scontri bellici. Pertanto il desiderio di Madonna nel suo *Re-Invention Tour* (2004) è stato proprio quello di rappresentare il desidero degli esseri umani nell'oltrepassare le apparenze, nonchè i gesti e i riti religiosi per abbracciare un ideale di unione con *l'Immi Ruah*, cioè lo spirito divino presente in tutti noi. Si sa che la religione è la principale fonte di iniquità e soprattutto tramite i loro rappresentanti terreni, per secoli, le donne così come gli omosessuali, sono stati presi di mira a causa della diffusione di pregiudizi negativi che hanno emarginato le loro vite e le loro esistenze. Madonna infatti ha cercato di sfatare certi tabù e luoghi comuni dicendo alle donne di smetterla di sentirsi paragonate o alla vergine Maria oppure ad una sgualdrina. Nessuna donna può vivere la propria vita se relazionata a questi due schemi così estremi e lontani. Come ha dichiarato la stessa artista: «*Quando ero piccola, mia nonna mi diceva sempre di non andare con i ragazzi, di amare Gesù e di essere una brava ragazza. Sono cresciuta con due immagini di donne: la Vergine e la puttana*». Concetto che ribadirà più volte nelle sue canzoni, pensiamo al testo di *Express your self* diventato il manifesto simbolo dell'emancipazione femminile.

Dunque *What it feels like for a girl* può essere considerata una riflessione sull'essere donna in una cultura maschilista e machista che sminuisce e ghettizza l'universo femminile.

Renato Zero *Libera* (2001)

Renato Zero nel 2001 pubblica l'album *La curva dell'angelo* contenente una delle canzoni più suggestive della sua produzione artistica[93]. La canzone racconta di un uomo che decide con riluttanza di lasciare andare via la propria compagna di vita. Lui giura di lasciarla libera anche se questo però lo fa star male.

"Ti lascio libera
e questo mi addolora
ti lascio libera
non sono pronto ancora
chiedimi di tenerti qui
puoi pretenderlo
slegarti è facile
difficile obbligarti
la carne è debole non voglio più ferirti
amore ti maledirò
io che perderti non so...".

Con cruda verità Zero descrive l'amore malato, il desiderio di possesso che sconvolge un uomo che interrompe la propria storia sentimentale. Il protagonista della canzone maledice la sua partner perché non riesce realmente a distaccarsi da lei; anzi questo lo fa accecare dalla rabbia ed è per questo che afferma:

" Metto il cuore in un cassetto
per dispetto non lo indosserò mai più
un po' testardo un po' distratto
è già una vita che non sei più mia..."

---

[93] Si consiglia la lettura del libro di D., Tuscano e C. A., Porcino Ferrara, *Chiedi di lui 2.0 Ancora un viaggio nell'universo musicale di Renato Zero*, Lulu Edition, 2016.

Quest'uomo rifiuta la situazione che lo vede coinvolto in una storia che è già giunta al termine. Per ripicca verso la sua donna, ma soprattutto verso se stesso, si dice pronto a dimenticarsi dell'amore, ed abbandonare il suo cuore e riporlo in un cassetto. Senza di lei non può più amare. Nell'attesa che lei ci ripensi:

"Vendo rose mentre aspetto
tutto il mondo mi conosce sa di te
il cieco ambulante il pazzo
tutto il mio disprezzo libertà
ti lascio libera
tanto dovrai tornare
non puoi resistere
avrai freddo e fame amore
mai più catene giuro mai
aria e luce finché vuoi...
perdersi, dimenticarsi
non ci credo, non è giusto, non si può
non avete amato tanto
e poi non conoscete lei...".

Come nei casi di femminicidio di cui leggiamo quotidianamente sui giornali, e di cui ho scritto all'inizio del testo, alcuni uomini credono di possedere la "propria" donna. Essi sono convinti che la loro fidanzata, moglie, sia un oggetto, un trofeo di cui fregiarsi al bar o con gli amici. Certamente non si può essere gelosi di una persona come se fosse una cosa. Infatti, il protagonista della canzone ci dice che tutti sanno di questo fallimento sentimentale ed ognuno, dal cieco ambulante al pazzo, è lì pronto a deriderlo. Gli addossano la colpa di questa sconfitta amorosa. In tal modo, nell'iperbole utilizzata dal cantautore romano, chi non vede ed è sconnesso dalla realtà diventa il fulcro su cui basare la propria follia latente. Lui non può essere deriso, il suo ruolo di maschio dominante non può essere messo in discussione. Proprio per questo tenta di riconquistare la sua donna, con nuove promesse di libertà. Questa volta lui cambierà, le dimostrerà che non la farà più soffrire, che non la terrà come un animale al guinzaglio rinchiuso in una segreta, oppure come un oggetto da utilizzare al momento opportuno. Ma qualcosa lo spinge a compiere la sua follia omicida; perché dentro di sé lui sa che non manterrà tali promesse, che queste dichiarazioni non corrispondono al vero ma sono, invece, uno sporco pretesto per riprendersela, per sentirsi nuovamente appagato nell'averla riposseduta. Il protagonista è consapevole del fatto che se non potrà averla lui, allora non dovrà essere di nessun altro. La strangola e la uccide perché non può lasciarla andare veramente. Non può più vivere in questo inferno, e allora decide di portarla con sé!

"Non lasciarmi in questo inferno
tutto il mondo è pronto a ridere di me
il cieco ambulante, il pazzo
perché non vuoi credermi perché...
lei mi supplicò
io la strinsi così forte
perché non fuggisse via
perché non fuggisse via
perché non fuggisse mai più via!".

Attraverso queste immagini suggestive e realiste Zero affronta la problematica del femminicidio in tempi non sospetti. Nel 2001 il fenomeno della violenza sulle donne non occupava le pagine dei giornali e le immagini delle donne uccise non passavano continuamente durante i tg o i social network. Con lungimiranza Renato Zero riesce a raccontare un dramma sempre più attuale che sta assumendo proporzioni assurde. Preoccupa la devastante psicologia omicida di uomini che non sanno amare, e che non hanno mai compreso le dimaniche affettive del vero agape. In Italia ogni tre giorni una donna viene uccisa da un uomo che è quasi sempre il marito, il proprio ex, l'amante o il fidanzato. Proprio per questo la canzone di Renato Zero porta alla ribalta una problematica che spesso viene snobbata o ridimensionata. Una perla musicale passata spesso inosservata dai critici e dal pubblico.

Lady Gaga *Born this way* (2011)

Stefani Germanotta in arte Lady Gaga è diventata in pochissimi anni un fenomeno musicale da guiness dei primati. Continua a vendere milioni di dischi in tutto il mondo e grazie alla sua creatività artistica e all'eccentricità del suo look domina la scena musicale mondiale. Nel 2011 la cantautrice italoamericana pubblica il suo secondo album *Born this way*. L'album trae spunto dalla sua vita privata, dalla frustrazione nel non poter indossare da bambina gli abiti che più le piacevano a causa dei giudizi delle compagne di classe o del vicinato. Nella canzone che dà il nome all'album lady Germanotta afferma con fierezza che ciascuno deve sentirsi felice per come è! Ognuno di noi è nato con delle peculiarità che deve accettare. Dobbiamo lottare contro chi tenta di etichettarci per emarginarci o farci sentire in colpa.

"Mia mamma mi diceva quando ero piccola
Che siamo tutti nati per essere superstar

Mi arricciava i capelli e mi metteva il rossetto
Nello specchio del suo spogliatoio

"Non c'è niente di male nell'amare ciò che si è"
diceva, "Perchè Lui ti ha fatto perfetta, bambina"

"Quindi vai fiera bambina e arriverai lontano,
ascoltami quando dico".

L'accettazione della propria personalità è il primo passo per vivere una vita appagante. Spesso tendiamo ad identificarci in modelli che la società ha costruito e fatto circolare appositamente affinché potesse tenere a bada ogni nostra forma di creatività e di spirito critico verso il sistema.

La canzone di Lady Gaga è considerata, non a torto, un inno alla diversità e alla lotta contro i pregiudizi di matrice omofoba e razzista.

"Non è importante se tu sei gay, etero o bisessuale,
lesbica, o transessuale;
Sono sulla strada giusta baby
Sono nato per restare in vita
Non è importante se sei nero, bianco o beige
Latina o orientale
Sono sulla strada giusta baby
Sono nata per essere coraggiosa".

Lady Gaga è impegnata nel sociale e lo fa su tutti fronti, dal riconoscimento dei diritti delle donne ai diritti civili, dall'arte alla politica. Non ha problemi a schierarsi apertamente o a dichiarare la sua opinione su una legge anti gay voluta da Putin in Russia o su alcune forme di antipolitica.

Lei stessa ha dichiarato a SHOWstudio in un'intervista del 2010: «Io sono una femminista. E rifiuto con tutto il cuore, il modo in cui ci insegnano a percepire le donne. La bellezza delle donne, come una donna dovrebbe agire o comportarsi. Le donne sono forti e fragili. Le donne sono belle e brutte. Siamo pacate e forti, tutto in una volta. C'è un controllo della nostra mente sul modo in cui ci viene insegnato a guardarle. Il mio lavoro, sia visivamente che musicalmente, è un rifiuto di tutte queste cose. E soprattutto è una ricerca». Un po' come afferma Cher nella canzone *Woman's World* del 2013. Nel testo la cantante e attrice dichiara che la forza della donna consiste proprio nel saper risorgere dalle delusioni d'amore e dai dolori grazie ad una vitalità tipicamente femminile. Un'energia vitale che l'universo maschile non conosce e non comprende.

Inoltre Gaga ha detto: «Il Pregiudizio è una malattia. Così come la moda. Ma non voglio indossare pregiudizi».

Ma ritornando alla canzone *Born this way*, lady Germanotta afferma l'importanza di non farsi intrappolare da quelle argomentazioni totalmente infondate che generano soprattutto negli adolescenti certi fenomeni di insicurezza e d'impotenza.

"Sii prudente con te stesso
e ama i tuoi amici
ragazzino della metropolitana, abbraccia la tua gioventù.
Nella religione degli insicuri
Devo essere me stessa, rispettare la mia gioventù
Un amore diverso non è un peccato
Devi credere in L-U-I".

Born this way decanta al alta voce che ciascuno è qualcuno e nessuno potrà mai ostacolare il cammino verso la propria emancipazione sociale. Il testo di Lady Gaga non tratta solo di omofobia ma di accettazione di sé. Viviamo in una società che rifiuta l'individualità creativa per creare un branco ubbidiente e prono. Non esistono canoni estetici per asserire che un individuo è più bello rispetto ad un altro. Non esistono amori di serie A e quelli di serie B. Esistono invece persone che si amano, e certamente non conta il sesso di appartenenza dei due innamorati, ma il loro sentimento. L'Amore per se stessi e soprattutto per quello che si è ci porta ad aprirci verso gli altri. Se non ci amiamo come possiamo pretendere di amare un nostro simile?

Mia Martini *Donna* (1989)

Nel 1989, dopo diversi anni di assenza dalla scena musicale, Mia Martini ritorna con un album intenso, al cui interno si trova racchiusa una canzone toccante scritta per lei dal cantautore napoletano Enzo Gragnaniello *Donna*. Il testo in questione descrive senza tanti giri di parole le violenze sulle donne, e l'interpretazione struggente e carica di pathos di Mia impreziosiscono questo pezzo.

"Donne piccole come stelle
c'è qualcuno le vuole belle
donna solo per qualche giorno
poi ti trattano come un porno.
Donne piccole e violentate
molte quelle delle borgate
ma quegli uomini sono duri
quelli godono come muli".

Sin dalle prime strofe notiamo la descrizione e denuncia di quegli uomini che trattano le donne come meri oggetti sessuali. Donne violentate e sfruttate solamente per soddisfare i propri bisogni sessuali di umani che sembrano essere diventati delle bestie senza raziocinio. Ragazzine stuprate e paragonate da Gragnaniello a delle piccole stelle che brillano per un po' fino a quando non vengono offuscate dalle tenebre.

"Donna come l'acqua di mare
chi si bagna vuole anche il sole
chi la vuole per una notte
c'è chi invece la prende a botte.
Donna come un mazzo di fiori
quando è sola ti fanno fuori
donna cosa succederà

quando a casa non tornerà".

A distanza di anni ascoltando questa canzone non posso non pensare a quelle donne che non sono più tornate a casa ad abbracciare i propri cari perché un marito violento o un qualsiasi assassino le ha uccise e ancora oggi vive impunemente. Il mio costante pensiero va a Silvana Cassol, Chiara Di Vita, Melania Rea, Lucia Manca, Maria Chimienti, Denise Morello, Martina Incocciati, Fabiana Luzzi, Antonia Stanghellini, Michela Fioretti, Alessandra Iacullo, Ilaria Leone, Michela Baldo, Federica De Luca, Debora Fuso, Marinella Pellegrini e tante altre donne assassinate negli anni. Queste donne, così come le protagoniste descritte nella canzone, sono morte perché nessuna legge, ad oggi, in Italia tutela le donne che sporgono una denuncia contro uomini violenti. Molte vittime avevano a suo tempo denunciato alle forze dell'ordine i propri partner che avevano continuato a reiterare nei loro confronti comportamenti violenti. Non hanno ricevuto alcun aiuto né consolazione da parte degli organi istituzionali. È facile per i politici partecipare al funerale di queste donne, assumendo un tono contrito e approfittando di questa tragica occasione per utilizzarla come l'ennesima campagna elettorale con nuove promesse e i mille "farò" che alla fine non si concretizzano mai in leggi.

"Donna fatti saltare addosso
in quella strada nessuno passa
donna fatti legare al palo
e le tue mani ti fanno male.
Donna che non sente dolore
quando il freddo gli arriva al cuore
quello ormai non ha più tempo

e se n'è andato soffiando il vento.
Donna come l'acqua di mare
chi si bagna vuole anche il sole
chi la vuole per una notte
c'è chi invece la prende a botte.
Donna come un mazzo di fiori
quando è sola ti fanno fuori
donna cosa succederà
quando a casa non tornerà".

Nessuna donna, così come qualsiasi altro essere umano, ha meno dignità di un suo simile solamente in base alle proprie scelte di vita. Tanto più grave è ascoltare o leggere sui giornali chi asserisce con sicumera che è colpa delle donne e del loro abbigliamento così provocante se poi gli uomini non resistono e le violentano. Questi decervellati psicolabili non sanno ciò che dicono, perché è come affermare che se un tizio malato di diabete, ma goloso di dolci, passa davanti ad una pasticceria molto invitante è leggittimato a derubare il negozio e a divorare tutte le leccornie esposte in vetrina. Un essere umano ha il sacrosanto diritto di vestirsi come gli pare senza che un soggetto psichicamente instabile si senta autorizzato ad abusare del suo corpo. L'ONU ha dichiarato che il femminicidio e le violenze sulle donne sono da considerarsi come «un fenomeno endemico di proporzioni globali». Io auspico che questa canzone in futuro racconti una situazione obsoleta, non più perpetrata. Mi piacerebbe tanto che un giorno i nostri figli ascoltando questa commovente canzone di Mia Martini possano domandarci: «Cos'è il femminicidio?» e noi rispondere «Qualcosa di atroce che fortunatamente voi non vedrete mai più».

Pooh *Pierre* (1976)

I Pooh sono stati degli antesignani in tema di omofobia scrivendo nel 1976 la canzone *Pierre* e inclusa nell'album storico *Poohlover* che si occupava di denunciare la situazione dei carcerati, degli zingari ed altro.
"Penso a te
nei tempi della scuola con noi
sottile pallido e un po' perso
tu già da noi cosi diverso
triste".
Il testo è firmato da Valerio Negrini su musica di Roby Facchinetti. La canzone racconta l'incontro casuale di un uomo con un suo compagno di scuola. Il protagonista ricorda i giorni del liceo quando osservava Pierre vivere timidamente e appartato la sua adolescenza. Con dei versi delicati gli autori della canzone tratteggiano una situazione molto imbarazzante per i due.
"Penso a te
ricordo, si rideva tra noi
di quel tuo sguardo di bambina
di quella tua dolcezza strana
triste".
Quando si è ragazzi si tende a fare massa con la maggioranza dei coetanei, sposando pubblicamente quegli atteggiamenti razzisti e denigratori che ti fanno appartenere al gruppo. Abitualmente l'individuo preso singolarmente non manifesta spinte omofobiche così accentuate. Quando lo fa è perché il maschio in qualche modo è spalleggiato da un gruppo che cerca di compiacere; e allo stesso stempo egli tenta di allontanare da sé la possibile onta di una sessualità non conforme alla regola del branco.

A quel tempo il protagonista della canzone sorrideva della sessualità di Pierre e forse proprio per quegli sfottò Pierre abbassa lo sguardo dopo tanti anni quando incrocia il suo vecchio compagno di scuola.

"Pierre ti ho rivisto questa sera e tu
tu abbassi gli occhi
ti nascondi e poi
te ne vai.
Scusami se ti ho riconosciuto però
sotto il trucco gli occhi sono i tuoi
non ti arrendi a un corpo che non vuoi
senti ....".

Gli anni son passati per entrambi ma l'incomprensione di allora è pesata come un macigno per Pierre. Le derisioni ricevute nell'età dell'adolescenza sono difficili da dimenticare, sono cicatrici ancora doloranti.

Come racconta lo scrittore Luciano De Crescenzo: «Noi della quarta B, con la cattiveria tipica della nostra età, quando uscivamo da scuola lo circondavamo (il compagno di scuola ndr) scandendo in coro la terribile condanna: «RIC-CHIO-NE! RIC-CHIO-NE! RIC-CHIO-NE!». E lui, poverino, scappava via coprendosi il viso con le mani. Per me, all'epoca, «ricchione» era la peggiore offesa che si potesse mai rivolgere a un essere umano, peggiore quindi di idiota, di ladro e di assassino. Pari, forse, solo a "spia". Poi col tempo, grazie a Dio, ho imparato che gli omosessuali sono individui come tutti gli altri, buoni o cattivi, intelligenti o stupidi, ma quasi sempre più sensibili degli eterosessuali»[94].

Non sappiamo quali frasi pronunciò il protagonista della canzone nei confronti di Pierre, il testo non ci racconta

---

[94] L. De Crescenzo., *Le donne sono diverse*, Mondadori, Milano 1999, p. 33.

nulla in proposito a parte i sorrisi ma è probabile che qualche epiteto ingiuroso gli sarà scappato all'epoca dei fatti. Come descrive bene De Crescenzo quando si è ragazzini si è pervasi da una cattiveria non indifferente.
"Pierre sono grande ed ho capito sai
io ti rispetto
resta quel che sei
tu che puoi".

Il protagonista ripensa al passato e in un certo modo rivedendo Pierre dopo tanti anni comprende di essere finalmente fiero del suo compagno di classe. Pierre non ha mai smesso di credere in se stesso, non ha barattato i suoi ideali o cercato di modificare la sua personalità. Vive la sua omosessualità anche se non con pienezza. Il protagonista della canzone incoraggia Pierre a non cambiare mai, a vivere la sua sessualità con coraggio. Non deve abbassare lo sguardo ma provare a vivere serenamente la propria vita, accettando anche un corpo che Pierre sente estraneo a sè.
I Pooh si sono occupati sul finire degli anni'70 della tematica del travestitismo e dell'omosessualità e non solo. Racconta Stefano D'Orazio: «Nel budget punitivo del nostro nuovo lavoro ci avevano concesso dal 17 al 21 maggio (1976 ndr) per incidere i provini e dal 7 al 21 giugno per incidere il disco e l'orchestra l'avremmo avuta solo per un giorno: il 16 giugno. Con questi chiari di luna realizzammo il nostro Lp da produttori: *Poohlover*. Un album dedicato alle emarginazioni, si parlava di un ex carcerato che tenta di rifarsi una vita, di uno zingaro e del suo mondo precario, di un extraterrestre, di una prostituta fino a Pierre, un brano che racconta di

omosessualità ed era la prima volta che questo tema entrava nelle canzoni»[95].

Quindi un grande plauso ai Pooh per aver intuito con largo anticipo una tematica importante, e meritevole di essere raccontata dalla canzone italiana.

---

[95] S. D'Orazio., *Confesso che ho stonato. Una vita da Pooh*, Kowalski, Milano 2012, p. 227.

Adriano Celentano *Il figlio del dolore* (2000)

Nel 2000 Adriano Celentano pubblica uno splendido album intitolato *Esco di rado e parlo ancora meno*. All'interno si trova una canzone, *Il figlio del dolore,* scritta dallo stesso molleggiato e da Spina e cantata in coppia con Nada. Il testo è crudo, un vero pugno nello stomaco e affronta il tema dello stupro di una donna durante la guerra. Il racconto è fatto a due voci, la donna violentata e il violentatore. Il violentatore in questione non è identificato ma generico se consideriamo i diversi stupratori:

"Tu mi sfondavi col tuo corpo
mentre due dei tuoi
si divertivano a tenere
larghe le mie gambe
e ogni volta che spingevi
con rabbia lo facevi
mentre di dentro
morivo dal dolore

con uno straccio in bocca
fermavi le mie grida
e quando poi esausto
da me tu sei uscito
a turno i tuoi compagni
han ricominciato
tu ridevi mentre sanguinavo".

La descrizione non lascia spazio all'immaginazione e sembra proprio di rivivere lo stupro in diretta. Non uno ma diversi compagni del militare si divertivano a sfogare le loro pulsioni sessuali come un branco di famelici lupi davanti la preda. Zittita, percorsa e violentata il suo grido di dolore non riesce ad arrestare questi individui. Da uno di loro però resterà incinta e difatti:

"La tua malvagità
nel mio grembo morirà
poiché è proprio dal mio grembo che rinascerai
e mentre in cuor mio
per sempre morirai
come un fiore dal mio grembo tu rinascerai".

La visione religiosa di Celentano prende il sopravvento e nel suo ingenuo quanto sincero ottimismo immagina che la nascita del bambino laverà le colpe del padre che ha stuprato la propria madre. Dal grembo della madre il sangue del parto annullerà la pulsione di morte che lo ha generato. Il protagonista è contrario a questa nascita perché teme di essere additato dal futuro figlio come reo dello stupro della propria genitrice.

"Tu vuoi far nascere colui
che giudicherà
chi violentò la madre sua
nel giorno che lo concepì
io guardarlo non potrò
se un dì mi chiamerà
e mi racconterà che lui è figlio mio
lui mi disprezzerà e io maledirò
il giorno che la madre mia mi partorì
e mi abbandonerà e non avrà pietà
per le lacrime che io verserò".

Il timore del giudizio per il crimine commesso lo impaurisce tanto da auspicare la non nascita di questo figlio del dolore e della violenza. La donna però gli risponde:

"Tu gli racconterai
che tu non eri tu
ma solo il frutto di quell'odio
di chi amare non sa
figlio mio gli dirai
la mia malvagità
morì quel giorno che nascesti, nascesti tu
e gli dirai che tu pagherai i tuoi crimini
di fronte agli uomini e poi davanti a Dio

così lui capirà
che il suo vivere
è il seme di un amore che germoglierà

E l'odio finirà solamente se gli uomini sapran risorgere dentro di sé".

La futura madre invece di additarlo come uno stupratore senz'anima quel è stato afferma, invece, che l'odio che lo ha spinto a compiere quella violenza è figlia di una ideologia del male presente in una "cultura" di guerra. Secondo il personaggio femminile della canzone nessun uomo può essere così spietato in natura. Il figlio diventa colui che farà rinascere il bene e annullerà il male che lo ha generato. Il figlio del dolore, secondo il pensiero di Celentano, diventerà l'ago della bilancia che cambierà la percezione della violenza subìta. Egli sarà portatore di un Amore universale che lega una madre e un figlio nato dal dolore di uno stupro. È forse l'unica canzone a toccare da vicino il tema della violenza sulle donne, e bisogna dare merito ad Adriano Celentano nel proporla in prima serata nel suo show televisivo su Rai1 con Nada che cantava con un vestito lacerato dallo stupro rappresentato.

Hozier, Macklemore, Mika e Perry in lotta contro il razzismo e pregiudizio

Un non credente o una persona veramente religiosa su cosa può e deve contare? Forse oltre che su concreti leggi dello Stato laico di appartenenza, sul valore della musica. Una recente canzone di Hozier *Take me to church* affronta tale tematica. Il cantautore irlandese ha spiegato che: «Sessualità e orientamento sessuale sono qualcosa di naturale. Un atto sessuale è una delle cose più umane che ci siano. Ma un'organizzazione come la Chiesa, per esempio, attraverso la sua dottrina, pregiudicherebbe l'umanità, insegnando che l'orientamento sessuale è un peccato che offende Dio. La canzone *Take me to church* parla dell'affermare se stessi e rivendicare la propria umanità attraverso un atto d'amore». Il video rende ancor più esplicità l'intolleranza e la violenza che spinge alcuni individui a scagliarsi contro due persone che si amano. Hozier non è il solo se pensiamo che anche il mondo del rap ha contribuito a sconfiggere l'omofobia diffusa nell'ambiente e nella società. Il rapper Macklemore scrisse nel 2012 la canzone *The Heist, Same love*. In breve tempo la canzone è stata utilizzata come inno per i matrimoni fra persone dello stesso sesso ottenuta in Usa nel 2015. Macklemore ha detto: «Credo che smontare il razzismo sistemico, quello che abbiamo dentro anche se non ce ne accorgiamo, è molto più complicato che non mettersi d'accordo sul fatto che tutti devono avere il diritto di sposarsi .... Cerco di smontare gli stereotipi. L'arte può essere un'arma di resistenza[96]». Anche il cantante Mika ha scritto e creato una canzone

---

[96] M. De Martino., *Scusate se sono bianco* in *Vanity Fair* n. 13 del 6 aprile 2016, p. 108.

per lottare contro l'omofobia *Hurts*. Lui ha provato sulla sua pelle il significato dell'omofobia. È stato insultato su dei manifesti che sponsorizzavano il suo concerto con la scritta "frocio". Mika dichiarò sui social subito dopo aver appreso la notizia: «Non ho paura di chi mi discrimina. Nessuno deve averne. Avete ragione: rompiamo il silenzio. Avevo visto la foto della scritta sui miei manifesti e il mio istinto era di lasciar stare. Che l'odio di alcune persone, una cosa che conosco bene, era meglio ignorarlo. Ma voi avete ragione»[97]. Mentre sulla possibilità del matrimonio aveva dichiarato a *Vanity Fair*: «Qualche tempo fa, ho sentito un tizio che diceva: "Ormai solo i gay vogliono sposarsi". Forse voleva fare lo spiritoso ma può essere molto pericoloso denigrare la normalità. Non stiamo parlando di diventare tutti uguali, stiamo parlando di garantire la libertà di scelta, di proteggere le persone dalle discriminazioni, di dare a tutti gli stessi strumenti per poter riuscire nella vita». Grazie a *Hurts* Mika ha affrontato il tema dell'omofobia e del bullismo a scuola. Il video è stato girato da Ivan Cotroneo che ha scelto di avvalersi della canzone per il suo film *Un bacio* che parla proprio dell'omofobia e bullismo nelle scuole. In *Hurts* Mika canta:

"Dici che sono solo parole
e che tutto sarà più facile col tempo
niente è solo una parola
è così che i cuori vengono spezzati

Non riesco, non riesco, non riesco ad ascoltare
tutte le parole che hai detto

97 http://www.liberoquotidiano.it/news/italia/11818748/Mika--insulti-omofobi-al-cantante.html

non riesco ad ascoltare
tutte le parole che hai detto".

Nel video Mika cancella gli insulti scritti su un muro.
In *Fireworks* Katy Perry afferma che ciascuno di noi ha dentro di sé una scintilla di fuoco che se accesa può brillare e illuminare gli altri, proprio come dei fuochi d'artificio che ravvivano il cielo. È un testo che sensibilizza la società a non temere di accettare chi ama in modo forse diverso dal proprio anche se l'amore è uno, senza sé e senza ma. Quando ci accorgeremo della nostra eccezionale presenza illumineremo il mondo e contageremo in positivo questa realtà. Nello stesso video vengono illustrate diverse forme di Amore e varie forme di infelicità che, una volta sconfitte, possono condurci alla felicità. Non a caso Katy Perry dice di illuminare il cielo come i fuochi d'artificio del 4 luglio, storica festa nazionale americana. Ho assistito diverse volte a questa gioiosa festa in America e posso testimoniare che brillare di luci come quella sera significa proprio rendere il mondo allegro, come la varietà di colori che possiede un arcobaleno che appare dopo una tempesta.

"Non ti devi sentire come uno spreco di spazio
Sei originale, non puoi essere sostituito
Se solo sapessi cosa ti riserva il futuro
Dopo un uragano arriva un arcobaleno

Forse tu sei la ragione per la quale tutte le porte sono chiuse
Così potrai aprire quella che porta alla strada perfetta
Come un fulmine, il tuo cuore esploderà
E quando sarà il momento, lo saprai

Devi solo accendere la luce
E lasciarla brillare
Allora impadronisciti della notte
Come se fosse il 4 luglio".

Progetto Educativo

Progetto:

"Glee" – Educazione all'affettività e identità di genere

Creato da: <u>Dott. Cristian Adriano Porcino</u>

Premessa:

Per combattere ogni forma di pregiudizio e stereotipo, occorre necessariamente rivolgersi al linguaggio che si utilizza quotidianamente. Come diceva il filosofo Gadamer chi padroneggia il linguaggio possiede il mondo. Sin da piccoli siamo soggetti all'influenza diretta o indiretta del linguaggio che ascoltiamo in primis in famiglia e poi altrove. Esistono poi altre forme di pregiudizio che sono alimentate da un linguaggio razzista utilizzato anche da alcune figure istituzionali e da rappresentanti politici e religiosi. Numerose sono le barzellette, o gli sketch televisivi a cui assistiamo inermi, e in cui, attraverso la riproduzione onstage di personaggi caricaturali, si tende volutamente a discriminare e dileggiare i soggetti più deboli e le cosiddette minoranze. Come sostiene la filosofa Martha Nussbaum le minoranze sono di norma associate al concetto di natura in opposizione a quello di cultura. In un certo qual modo è come se noi considerassimo al di fuori della civilizzazione chi non rientra in determinati confini culturali. Allontaniamo quasi con disgusto le differenti forme di cultura che non conosciamo e che in un primo momento non comprendiamo. Quindi non solo le rifiutiamo, ma le spostiamo dal nostro orizzonte come qualcosa di ripugnante, una sorta di lezzo nauseabondo che ci troviamo ad annusare quando ci troviamo, ad esempio, immersi in una discarica organica. Questo meccanismo è stato per anni utilizzato contro le donne per confinarle all'interno delle mura domestiche e non consentire loro nessuna forma di emancipazione sociale. Ancora oggi le donne subiscono una disparità di trattamento in ambito lavorativo anche per quanto concerne la retribuzione mensile, ben al di sotto di quella di un uomo. Vedesi a tal proposito le teorie sul cosiddetto "Soffitto di cristallo". Oppure pensiamo al linguaggio offensivo utilizzato per etichettare chi ha un orientamento sentimentale e sessuale diverso da quello eterosessuale. Gli epiteti utilizzati sono di tipo diverso: gay, omosessuale, invertito, finocchio, frocio, checca, bulicio (Genova), busone (Bologna), puppu (Catania), reciòn (Venezia). Si passa quindi da un termine meno aggressivo come gay o omosessuale a forme d'ingiurie vere e proprie caratterizzate anche dalla regione geografica di appartenenza. La medesima cosa accade anche per la donna. Alcune recenti indagini nelle scuole medie inferiori e superiori hanno riscontrato che gli epiteti negativi per definire le donne sono tutti di natura sessuale: "troia, mignotta, puttana, ecc.," mentre per definire l'uomo si utilizza: "stupido, idiota, cretino, gay". Ciò che emerge nettamente è che la donna viene valutata solamente in base alle supposte prestazioni sessuali, e l'uomo, invece, nella stragrande maggioranza dei casi, per quelle intellettuali. La psicologia contemporanea ha affrontato il problema presentando alcuni studi su diverse forme di pregiudizio; pensiamo a Katz e Hass (1988) che hanno teorizzato la *forma ambivalente*. Ognuno di noi presenta contemporaneamente reazioni positive e negative (simpatia e avversione) nei confronti di certe minoranze. Oppure pensiamo alla teoria di Devine sulla *dissociazione*, o il *razzismo simbolico* di Sears (1988). Ciò che colpisce nelle nuove forme di razzismo è la condanna ostentata da alcune persone nel rigettare certe vecchie espressioni di intolleranza, per poi dichiararsi invece totalmente favorevoli a certe forme egualitarie. Cambiano le forme ma non i contenuti. Tali soggetti considerano ad esempio le minoranze come altro da sé in quanto non rispecchiano un "carattere tipico" della maggioranza bianca a cui essi appartengono. Pensiamo ai pregiudizi sugli afroamericani. Lo stesso presidente degli Stati Uniti d'America Barack Obama ha raccontato nel suo libro "I sogni di mio padre" che: *"Ci offendevamo quando un tassista non si fermava o quando la signora stringeva la borsetta nell'ascensore non perché ci disturbasse il pensiero che in passato la gente di colore avesse subito questi affronti ogni singolo giorno della propria vita, ma perché, pur indossando un vestito Brooks Brothers e parlando un inglese impeccabile, potevamo essere presi per negri qualunque. Non lo sai chi sono? Sono un individuo!"*.

Per valorizzare l'individualità di ciascuno possono venirci incontro gli studi di teoria e psicologia sociale, e in special modo le teorie su "ingroup" e "outgroup".

Quindi è lecito chiedersi come combattere alcune forme di stereotipi e pregiudizi ben radicati nel nostro lessico quotidiano. Bisogna porre attenzione ai mass media e alle nuove generazioni che risultano soggetti sottoposti al flusso continuo delle recenti tecnologie. La nuova generazione è costantemente esposta al bombardamento d'immagini e contenuti provenienti da internet e dai mass media. Il ritmo frenetico vissuto quotidianamente dai ragazzi non permette loro di soffermarsi a lungo sul vero contenuto nascosto dietro le figure paradigmatiche che circolano in tv e in rete. La confusione palpabile che si agita in loro è riscontrabile persino nell'affidare i propri quesiti alle soluzioni sommarie e distorte fornite nei vari forum o in diversi siti. La televisione a questo punto, con la sua programmazione onnipresente, rimane l'unica costante nella loro giovane vita. Come sostenuto da Karol Wojtyla la tv è diventata una sorta di bambinaia elettronica a cui i genitori affidano le sorti dei propri figli. Non sempre la programmazione offre spunti riflessivi per le loro esistenze, ma esistono dei programmi e dei serial chiamati in gergo tecnico "teen drama" che, attraverso le storie raccontate, riescono a coinvolgere e a soddisfare, in parte, le loro inquietudini. L'Alto contenuto dei dialoghi e degli argomenti sviluppati dai serial come *Dawson's Creek* e *Glee*, provocano negli adolescenti di tutto il mondo, una gran reazione d'entusiasmo. Tematiche come il bullismo, l'accettazione di sé, la diversità e la soppressione di ogni istinto razzista e le varie forme di pregiudizio hanno reso queste serie televisive dei modelli di riferimento internazionali a cui ogni adolescente desidera rapportarsi. "I media non sono soltanto uno specchio della realtà esterna; sono realtà essi stessi. Estensione delle nostre capacità sensoriali, entrano a far parte ogni giorno della nostra vita quotidiana" (Aldo Grasso).

Finalità generale dell'intervento:

Questo continuo escapismo adolescenziale trova riparo nelle immagini mediate dalla tv o dai film a cui assistono quotidianamente. Nella società contemporanea le barriere geografiche si azzerano, e grazie ad una società multietnica e globalizzata i problemi di un ragazzo di New York City diventano di conseguenza simili a quelli di un ragazzo di Catania o Parigi. Proprio per questo motivo mi piacerebbe intraprendere con gli allievi un percorso strutturato sulla visione di alcuni spezzoni di serial a loro vicini, per spingerli a rintracciare e comparare le problematiche che riscontrano nel vissuto di tutti i giorni. Attraverso lo studio di situazioni riprodotte in *Glee, Dawson's Creek* e altre serie, è possibile mettere in risalto alcune situazioni chiave nella lotta ad ogni forma di discriminazione. Il progetto si chiama *Glee* perché fa riferimento all'omonima serie televisiva. In questo teen drama ambientato in una scuola superiore pubblica americana, il McKinley, il professore di spagnolo, Will Schuester, crea un Glee club dove gli studenti possono studiare e imparare la musica e il canto. Compito principale di questo club è dimostrare quanto siano errati certi stereotipi adolescenziali. Ad esempio Finn Hudson, il giocatore di football più popolare del liceo è entrato nel club degli "sfigati" e ne è pure diventato il leader carismatico. Ha accettato di beccarsi tutti i santi giorni le granite in faccia e ha difeso il suo amico (e fratellastro) gay, Kurt Hummel, da chi lo prendeva in giro. Ha rotto il fidanzamento con la cheerleader più ambita, Quinn Fabray, ed ha scelto la nerd per eccezione Rachel Barry, che gli ha insegnato a credere in se stesso e a non mollare mai. Grazie all'amore di Rachel e a quello per la musica, Finn imparerà ad avere più fiducia nel futuro e nelle sue capacità. In effetti l'intera filosofia del telefilm può essere racchiusa nella canzone *Don't Stop Believing* dei Journey, diventata il loro motto: "Non smettere di crederci". Questo è ciò che si vuole trasmettere ai discenti affinché una piena accettazione di sé non escluda a priori l'altro e generi in loro un desiderio di conoscenza. Favorendo in tal modo un' ipotesi del contatto e il ruolo empatico e della sua comprensione (Allport).

Obiettivi operativi:

Gli obiettivi che mi prefiggo di raggiungere sono:
- La presa di coscienza del sessismo linguistico

- Delineare l'involuzione del ruolo stereotipato della donna nella trattazione quotidiana dei massmedia e nei vari programmi televisivi

- Significato e differenza fra il concetto di "Sesso" e "Genere"

- Accettazione della diversità sessuale, etnica, etc., di ogni singola persona

- Porre maggiore risalto all'orientamento sentimentale ancor prima di quello sessuale

- Introdurre alcuni elementi di Pedagogia di genere

- Specificare che nessun individuo appartiene a qualcun altro,e quindi nessuno è di proprietà di un altro essere umano.

- Combattere l'emarginazione e l'omofobia a cui vanno incontro molti studenti gay

- Capire, individuare e denunciare forme di violenza come: cyberbullismo, violenza sulle donne, etc.

- Delineare alcuni passaggi chiave della storia dell'emancipazione delle donne e discutere alcune figure cardine della storiografia passata e recente.

- Delineare e comprendere i modelli stereotipati che innescano nei ragazzi comportamenti scorretti come il rifiuto del proprio corpo, aspetto.

- Giungere ad una soglia di autocoscienza attraverso l'analisi di fenomeni sociali ed etici grazie all'ausilio di telefilm di culto, testi di canzoni popolari e pagine di libri appositamente scelti, per meglio favorirne l'identificazione.

- Credere in sé stessi e nei propri mezzi per poter raggiungere gli obiettivi prefissati senza compromettere il proprio equilibrio psicofisico.

Destinatari:

I destinatari sono principalmente gli studenti di scuola media inferiore e superiore. Come ha ricordato il capo dello Stato Sergio Mattarella nella giornata contro l'omofobia del 2016: «La piena realizzazione di questa libertà, che deve appartenere a tutti, indipendentemente dall'orientamento sessuale delle persone è essenziale per la costruzione di un ordinamento che garantisca il pieno rispetto dei diritti fondamentali e costituisca un pilastro della convivenza civile, in applicazione del principio di uguaglianza sancito dall'articolo tre della Costituzione. Sulla capacità di respingere ogni forma di intolleranza si misura la maturità della nostra società. L'intolleranza affonda le sue radici nel pregiudizio e deve essere contrastata attraverso l'informazione, la conoscenza, il dialogo e il rispetto». D'altra parte il continuo dilagare di fenomeni come il femminicidio mettono in evidenza che le nuove generazioni sono soggette all'influenza nefasta di vecchi modelli di stampo sessuale-razzista che colpiscono principalmente le donne così come gli omosessuali. Quindi è necessario parlare ai giovani studenti spiegando, tramite l'ausilio di immagini tratte dai telefilm sopracitati, il pericolo continuo nel reiterare meccanismi denigratori e pregiudicanti per approcciarsi agli Altri. L'accettazione di sé passa attraverso la comprensione dell'Altro. Questo è in linea con la filosofia di Emmanuel Lévinas: «*Il fatto originario della fraternità è costituito dalla mia responsabilità di fronte ad un volto che mi guarda come assolutamente estraneo, e l'epifania del volto coincide con questi due momenti. O l'uguaglianza si produce là dove l'Altro comanda il Medesimo e gli si rivela nella responsabilità; o l'uguaglianza non è che un'idea astratta e una parola*». In virtù di questo, credo che i ragazzi possano relazionarsi alla problematica linguistica e filosofica anche in giovane età. Le domande che si pone la filosofia sono le stesse domande che tutti noi ci poniamo quotidianamente e riguardano l'amore, la giustizia, la verità, la morte, la pace, etc. Attraverso l'ausilio di diverse discipline come appunto la filosofia, psicologia, sociologia, letteratura, cinematografia, arte visiva e musica pop, è possibile stimolare il loro intelletto affinché si possa arricchire un dibattito che è già in atto nelle loro coscienze.

Attività:

L'attività prevista consiste in una parte teorica che verrà svolta per spiegare ai discenti la nascita e il proliferare del pregiudizio e dello stereotipo, e successivamente si proietteranno episodi tratti dalle serie televisive *Glee, Dawson's Creek* e *La Signora del West*[98] per far comprendere meglio agli studenti cosa

---

[98] Un discorso a parte merita il telefilm *La Signora del West* (*Dr. Quinn, Medicine Woman*). La storia racconta della prima donna a diventare medico in America nel 1868. Michaela Quinn detta "Mike" (interpretata da Jane Seymour), figlia di un medico di Boston dopo la morte del padre lascia la città e si reca a Colorado Springs per curare gli abitanti. All'inizio nessun cittadino l'accetterà come dottore perché una donna non può essere un vero

accade quando si continua ad offendere o a ghettizzare le donne, gli omosessuali, e le cosiddette minoranze linguistiche o etniche. Sarà inoltre utile leggere alcuni spezzoni tratti da romanzi che si sono occupati di tale problematica, provocando in tal modo un interessamento dei più giovani verso la letteratura; poiché è con la cultura che si sconfiggono i pregiudizi. Questo farà in modo che i discenti diventino parte attiva del progetto, intervenendo e collaborando dinamicamente con esperienze dirette e domande chiarificatrici da porre al loro interlocutore.

Tempi:

Da stabilire

Metodologia:

La metodologia consiste nell'utilizzo di alcuni libri, che troverete indicati in bibliografia, slide da scaricare online o fornite in modalità cartacea, supporti dvd e cd e altri supporti di tipo tecnologico, per spiegare attraverso l'immagine e il suono le varie forme di lotta contro stereotipi e pregiudizi. Inoltre si forniranno ai discenti questionari a risposta multipla e aperta per sondare l'approccio individuale alla tematica dell' identità di genere e l'accettazione delle diverse forme di affettività. Gli allievi presenteranno a fine progetto una tesina dove

---

medico. Pregiudizi e tabù che il dr. Quinn sfaterà non senza difficoltà. La serie creata da Beth Sullivan nel 1993 andò in onda per ben sei stagioni. La serie tratta al suo interno diverse tematiche: l'emancipazione della donna, il razzismo, lo sterminio dei nativi americani e molto altro. Una serie davvero istruttiva.

esporranno le loro idee riguardo le tematiche approfondite durante il corso.

Risorse umane coinvolte nella attuazione dell'intervento:

- *Progettista e Filosofo*

- *Psicologo o Dottore in Scienze e tecniche psicologiche con indirizzo per le istituzioni formative e scolastiche*

Risorse strumentali:

Il materiale didattico per sviluppare il progetto consiste nell'acquisto delle serie di *Glee, Dawson's Creek* e *La Signora del West* in dvd e di alcuni testi specifici.

Tempi e modalità della valutazione:

Verrà compilato dopo la realizzazione del progetto

Ringraziamenti

Desidero ringraziare l'amica e scrittrice Daniela Tuscano per la splendida prefazione. Ringrazio inoltre Melania Grancagnolo, docente di lingua inglese, per la traduzione del testo *American triangle*. Infine ringrazio mia madre per avermi spinto a scrivere e ampliare la nuova edizione del testo pubblicato nel 2013.

Bibliografia

- T. Römer., L. Bonjour., *L' Omosessualità nella Bibbia e nell'antico Vicino Oriente*, Claudiana, Torino 2007

- E. John., *L'amore è la cura*, Bompiani, Milano 2012

- M. Frana., *Filosofia di genere. Un libro per la cura dell'omofobia*, Edizioni Libreria Croce, Roma 2009

- C. Porcino., *I Cantautori e la filosofia da Battiato a Zero*, Edizioni Libreria Croce, Roma 2008

- C. Porcino., *Diabolus. Seminario di Letteratura Busiana*, Kimerik Edizioni, Messina 2006

- C, Porcino., *Sulla pena di morte. Da Beccaria ad oggi*, Lulu Edition, 2014

- C. Porcino., *Pensieri sparsi su Dio, Ratzinger e la Chiesa*, Il Rovescio Editore, Roma 2007

- C. Porcino., *Un'altra vita*, Lulu Edition, 2014

- D. Tuscano., C. A. Porcino Ferrara., *Chiedi di lui 2.0 Ancora un viaggio nell'universo musicale di Renato Zero*, Lulu Edition, 2016

- G. Ravasi., *500 curiosità della fede*, Oscar Mondadori, Milano 2012

- R. Levi Montalcini., G. Tripodi., *Le tue antenate*, Gallucci, Roma 2008

- B. D. Ehrman., *Sotto falso nome. Verità e menzogna nella letteratura cristiana antica*, Carocci, Roma 2012

- E. E. Green., *Cristianesimo e violenza contro le donne*, Claudiana, Torino 2015

- G. Vattimo., *Credere di credere*, Garzanti, Milano 1996

- E. Braschi., *La conoscenza segreta degli Indiani d'America. Un mondo al contrario*, Verdechiaro Edizioni, Baiso (Reggio Emilia) 2011

- P. Villano., *Pregiudizi e stereotipi*, Carocci Editore, Roma 2013

- E. Cantarella., *L'amore è un Dio. Il sesso e la polis*, Feltrinelli, Milano 2009

- AA.VV., *Verso una scuola inclusiva: linee guida rivolte ad insegnanti ed educatori per comprendere le conseguenze negative dell'omofobia e imparare a combatterle*, a cura di Jean-Pierre Carrasco et all. (testo dell'Unione Europea, nell'ambito del Progetto Socrates-Comenius)

- B. Obama., *I sogni di mio padre*, Nutrimenti Edizioni, Roma 2007

- L. Colò., *Per te, io vorrei*, Mondadori, Milano 2013

- C. Iaculo., *Le identità gay*, Edizioni Libreria Croce, Roma 2002

- C. M. Martini., G. Sporschill., *Conversazioni notturne a Gerusalemme*, Oscar Mondadori, Milano 2010

- V. Schimmenti., (a cura di), *Il tempo dell'adolescenza. Mutamenti soggettivi e trasformazioni sociali*, FrancoAngeli, Milano 2009

- M. Wollstonecraft., *Sui diritti delle donne*, BUR, Milano 2008

- A. Busi., *E baci*, Il Fatto quotidiano, Roma 2013

- D. Tuscano., *I diritti della vita*, Ilmiolibro, Roma 2012

- P. Izquierdo, *Libere!*, Cavallo di ferro, Roma 2009

- W. Veltroni., *Aspetta te stesso*, Corriere della sera – I corti di Carta, Milano 2007

- A. Angela., *Una giornata nell'Antica Roma. Vita quotidiana, segreti e curiosità*, Mondadori, Milano 2007
- A. Proulx., *Distanza ravvicinata*, Dalai Editore, Milano 2003
- L. De Crescenzo., *Le donne sono diverse*, Mondadori, Milano 1999

- R. Palidda., (a cura di), *Donne, Politica e Istituzioni. Percorsi di ricerca e pratiche didattiche*, Editpress, Bologna 2012

- A. Gallo., *Se non ora, adesso*, Chiarelettere, Milano 2011

- S. D'Orazio., *Confesso che ho stonato. Una vita da Pooh*, Kowalski, Milano 2012
- Platone., *Simposio*, Laterza, Bari, 2002

- E. Carolly., *Il grande Enrico. Vita di Enrico VIII re d'Inghilterra*, Mondadori, Milano 2003

- E. Carolly., *Anna Bolena*, Mondadori, Milano 2005

- S. de Beauvoir., *Il secondo sesso*, Il Saggiatore, Milano 2008

- A. San Suu Kyi., *Lettere dalla mia Birmania*, Sperling & Kupfer, Milano 2007

- C. Ciccone., *Mia sorella Madonna*, Rizzoli, Milano 2009

- E. Lévinas., *Etica e infinito. Dialoghi con Philippe Nemo*, Città aperta, Enna 2008

- A. Grasso., *Prima lezione sulla televisione*, Laterza, Roma 2011

- P. Cameron., *Un giorno tutto questo dolore ti sarà utile*, Adelphi, Milano 2007

- M. Hack., *Hack! Come io vedo il mondo*, Barbera, Roma 2012

- M. Nussbaum., *Non per profitto. Perché le democrazie hanno bisogno della cultura umanistica*, Il Mulino, Milano 2011

- R. Cahn., *L' adolescente nella psicoanalisi. L'avventura della soggettivazione*, Borla, Roma 2000

- L. Della Seta., *Debellare il senso di colpa. Contro l'ansia, contro la sofferenza psichica*, Marsilio, Venezia 2010

Consigli[99]

Film:

- *A single man* di Tom Ford 2009
- *Agora* di Alejando Amenàbar del 2009
- *L'amore ha due facce* di e con Barbra Streisand
- *Basquiat* di Julian Schnabel 1996
- *Billy Eliot* di Stephen Daldry 2000
- *Beginners* di Mike Mills 2010
- *I ragazzi stanno bene* di Lisa Cholodenko 2010
- *Flawless* di Joel Schumacher 1999
- *Frida* di Julie Taymor 2002
- *Il principe delle maree* di e con Barbra Streisand
- *Yentl* di e con Barbra Streisand
- *Il bagno turco* di Ferzan Ozpetek 1997
- *Magnifica presenza* Ferzan Ozpetek 2012
- *Mine vaganti* di Ferzan Ozpetek 2010
- *In & Out* di Frank Oz 1997
- *La finestra di fronte* di Ferzan Ozpetek 2003
- *La mala educacion* di Pedro Almodovar 204
- *La moglie del soldato* di Neil Jordan 1992
- *Intervista col vampiro* di Neil Jordan 1994
- *Le fate ignoranti* di Ferzan Ozpetek 2001
- *Lontano dal paradiso* di Todd Haynes 2002
- *Orlando* di Sally Potter 1992

---

[99] Le liste non hanno alcuna pretesa di completezza. Sono solo alcuni suggerimenti.

- *Pasolini, un delitto italiano* di Marco Tullio Giordana 1995
- *Poeti dall'inferno* di A. Holland 1995
- *Saturno contro* di Ferzan Ozpetek 2007
- *Segunda piel* di Gerardo Vera 1999
- *Sognando Beckham* di Gurinder Chadha 2002
- *The dreamers* di Bernardo Bertolucci 2003
- *TransAmerica* di Duncan Tucker 2006
- *Tutto su mia madre* di Pedro Almodovar 1999
- *Velvet Goldmine* di Todd Haynes 1998
- *Wilde* di Brian Gilbert 1997
- *Il colore viola* di Steven Spielberg 1985
- *Mona lisa Smile* di Mike Newell 2003
- *The Help* di Tate Taylor 2011
- *Million dollar baby* di Clint Eastwood 2004
- *The hours* di Stephen Daldry 2002
- *Julie & Julia* di Nora Ephron 2009
- *Thelma & Louise* di Ridley Scott 1991
- *Erin Brockowich* di Steven Soderbergh 2000
- *Suffraggette* di Sarah Gavron 2015
- *Carol* di Todd Haynes 2015
- *Volver* di Pedro Almodovar 2006
- *Nord Country – Storia di Josey* di Niki Caro 2005
- *Milk* di Gus Van Sant 2008
- *The lady- l'amore per la libertà* di Luc Besson 2012
- *Via dall'incubo* di Michael Apted 2002
- *Bordertown* di Gregory Nava 2006
- *La lunga strada verso casa* di Richard Pearce 1990
- *Weekend* di Andrew Haigh 2011

- *Un difetto di famiglia* di Alberto Simone 2002
- *Il padre delle spose* di Lodovico Gasparini 2006
- *Cloudburst* di Thom Fitzgerald 2011
- *Room* di Lenny Abrahamson 2015
- *Una giornata particolare* di Ettore Scola 1977
- *Philomena* di Stephen Frears 2013
- *Viola di mare* di Donatella Maiorca 2009
- *Magdalene* di Peter Mullan 2002
- *Giovani ribelli* di John Krokidas 2013
- *On the road* di Walter Salles 2012
- *I figli del secolo* di Diane Kurys 1999
- *American beauty* di Sam Mendes 1999
- *A Wong Foo, grazie di tutto! Julie Newmar* di Beeban Kidron 1995
- *Kinky Boots - Decisamente diversi* di Julian Jarrold 2005
- *Oltre le colline* di Cristian Mungiu 2012
- *Tomboy* di Céline Sciamma 2011
- *Diverso da chi?* di Umberto Carteni 2009
- *Dietro i candelabri* di Steven Soderbergh 2013
- *Prima che sia notte* di Julian Schnabel 2000
- *Reinas - Il matrimonio che mancava* di Manuel Gómez Pereira 2005
- *Precious* di Lee Daniels 2009
- *Donne senza uomini* di Shirin Neshat, Shoja Azari 2009
- *Angeli d'acciaio* di Katja von Garnier 2004
- *Malala* di Davis Guggenheim 2015
- *Viviane* di Ronit Elkabetz, Shlomi Elkabetz 2014
- *La bicicletta verde* di Haifaa Al-Mansour 2012
- *Il giardino dei limoni* di Eran Riklis 2008

- *Water - Il coraggio di amare* di Deepa Mehta 2005

Telefilm[100]

- *Brothers and Sisters* (2006)
- *Dawson's Creek* (1998)
- *Everwood* (2002)
- *Will & Grace* (1998)
- *The O.C.* (2003)
- *Glee* (2009)
- *La signora del west* (1993)
- *Queer as Folk* (2000)
- *Modern Family* (2009)
- *Teen Wolf* (2011)
- *Six feet under* (2001)
- *90210* (2008)
- *Un posto al sole* (2015)
- *I ragazzi del muretto* (1991)
- *Penny Dreadful* (2014)
- *American Horror Story* (2011)
- *Bates Motel* (2013)
- *Saranno Famosi* (1982)
- *Orange is the new black* (2013)
- *Kingdom* (2014)
- *Game of Thrones* (2011)

[100] Per maggiore completezza riguardo i serial che trattano tematica Lgbt vi segnalo il seguente sito: http://www.cinemagay.it/serie.asp

- *The Flash* (2014)
- *Dracula* (2013)
- *The Originals* (2013)
- *Under the dome* (2013)
- *Una grande famiglia* (2012)
- *Uomini di fede* (2012)
- *Downton Abbey* (2010)
- *Il diario dei vampiri* (2009)
- *I liceali* (2008)
- *The Tudors* (2007)
- *Mio figlio* (2003)
- *Nip/Tuck* (2003)
- *The L World (2003)*
- *Commesse (1999*

Canzoni:

- *Good guys - Mika*
- *Io sono una finestra* - Grazia di Michele e Platinette (Mauro Coruzzi)
- *Sulla porta* - Federico Salvatore
- *Onda gay* - Renato Zero
- *Quello che le donne non dicono* -Fiorella Mannoia
- *Living for love* - Madonna 2015
- *Il postino (amami uomo)* – Renzo Rubino
- *Porcellone* - Fabio Concato

- *Til it happens to you* – Lady Gaga
- *Donna ti voglio cantare* - Angelo Branduardi
- *Constant craving* - K.D. Lang
- *Fortuna, Ventre della città* - Mario Venuti
- *Outside* - George Michael
- *Luca* -Raffaella Carrà
- *It takes a fool to remain sane* - Ark
- *Le donne lo sanno* - Ligabue
- *La donna cannone* - Francesco De Gregori
- *Perché?* - Alex Britti
- *Non sono una signora* - Loredana Bertè
- *Go West* - Pet Shop Boys
- *I Want To Break Free* - Queen
- *Il cielo capovolto (ultimo canto di Saffo)* -Roberto Vecchioni
- *Babilonia* - Giuni Russo
- *Gli amori diversi* - Grazia Di Michele e Rossana Casale
- *Ti vorrei, E l'Italia, L'Amore sia con te,* Marco Masini
- *La signora del quinto piano* - Carmen Consoli
- *Princesa* - Fabrizio De Andrè e Ivano Fossati
- *Scivoli di nuovo* – Tiziano Ferro
- *Quel che si dice* – Charles Aznavour
- *Gino e l'Alfetta* – Daniele Silvestri
- *La borsa di una donna* – Noemi
- *YMCA/Macho man* – Village People

Cenni biografici

Cristian A. Porcino Ferrara, filosofo, scrittore e critico letterario, ha pubblicato i seguenti libri: "Diabolus. Seminario di Letteratura Busiana" (2006), "Pensieri sparsi su Dio, Ratzinger e la Chiesa" (2007), "I Cantautori e la Filosofia da Battiato a Zero" (2008), "Tributo a Michael Jackson" (2009), "La Chiesa è nuda" (2010), "Sulla pena di morte. Da Beccaria ad oggi" (2010), "Madonna la Regina del Pop" (2010). Nel 2011 ha pubblicato: "Sono nato troppo tardi per un mondo troppo vecchio", "Michael Jackson un uomo oltre lo specchio", "La solitudine non va mai in vacanza". Nel 2012 ha pubblicato il romanzo "Un'altra vita", "Domenico Sputo. La favola di Lucio Dalla", "Io chi?". Nel 2013 ha pubblicato il romanzo: "Incubi e Deliri a Lavatown", "Distinti e Distanti" e "6 canzoni contro l'omofobia e la violenza sulle donne". Nel 2014 ha pubblicato "Chiedi di lui. Viaggio nell'universo musicale di Renato Zero" scritto con Daniela Tuscano, e la nuova edizione del romanzo "Un'altra vita". Inoltre nel 2014 è uscito il suo primo libro in lingua inglese "Born Too Late to a World Too Old" edito da America Star Books. Nel 2015 ha pubblicato "Pensiero Riflesso. La filosofia come la vedo io" e "Tutta colpa del whisky". Nel 2016 ha pubblicato la nuova edizione del libro "Chiedi di lui 2.0 Ancora un viaggio nell'universo musicale di Renato Zero" scritto con Daniela Tuscano.

Sommario

"Canzoni contro l'omofobia e la violenza sulle donne" di **Cristian A. Porcino Ferrara © 2016**